KNAUR.LEBEN

ILONA DAIKER

Der Tempel in den Bergen und das Geheimnis der Selbstliebe

Wie ich lernte, dass ich gut genug bin

KNAUR.LEBEN

Besuchen Sie uns im Internet:
www.knaur-leben.de

MIX
Papier | Fördert gute Waldnutzung
FSC® C083411

Originalausgabe August 2024
Knaur.Leben Taschenbuch

Ein Imprint der Verlagsgruppe
Droemer Knaur GmbH & Co. KG, München

Redaktion: Birgit Förster
Covergestaltung: atelier-sanna.com
Coverabbildung: © atelier-sanna.com
Illustrationen im Innenteil: © atelier-sanna.com
Satz und Layout: Adobe InDesign im Verlag
Druck und Bindung: CPI books GmbH, Leck
ISBN 978-3-426-28475-9

2 4 5 3 1

Innere Freiheit beginnt dann,
wenn du nichts mehr tust,
um andere zu beeindrucken.
Du musst nichts leisten,
um liebenswert zu sein.

AUF DEM WEG INS UNBEKANNTE

Es war bereits dunkel im Flugzeug. Die Stewardessen hatten vor einer halben Stunde die Reste des Abendessens eingesammelt. Links neben mir gab eine junge Frau leise Schnarchgeräusche von sich. Der Mann zu meiner Rechten sah sich irgendeinen Actionfilm an. Ich versuchte, wenigstens ein bisschen zu schlafen, doch in meinem Kopf schlugen die Gedanken Kapriolen, und es gelang mir nicht, sie zur Ruhe zu bringen. Da saß ich nun also im Flugzeug von Frankfurt nach Colombo, um an einem Meditationsretreat auf Sri Lanka teilzunehmen. Was zum Teufel hatte mich geritten, als ich diese Entscheidung getroffen hatte? Nicht dass ich etwas gegen Meditation gehabt hätte. Im Gegenteil, im Prinzip fand ich Meditation prima. Allzu viel Erfahrung hatte ich damit aber bisher nicht gesammelt. Und abgesehen davon erschien mir alles so irreal, was in den letzten Wochen geschehen war und mein Leben komplett auf den Kopf gestellt hatte.

Im Geiste sah ich immer wieder die Gesprächssituation vor mir, in der mein Chef mir vor ein paar Wochen das Unglaubliche verkündet hatte. Ich hörte ihn förmlich sprechen. »Lisa, du weißt ja, dass die Unternehmensberatung Kaltenberg & Co. der Geschäftsführung gestern die Ergebnisse ihrer Analyse präsentiert hat«, hatte er begonnen und dabei nervös seine Hände geknetet.

Was dann folgte, erschien mir so abwegig, dass ich es wie durch einen Schleier wahrgenommen hatte. Ich hätte großartige Arbeit geleistet und die Agentur verdanke mir viel, aber jetzt ginge es um Verjüngung, um einen frischen Blick, den ich naturgemäß in meinem Alter und nach der langen Betriebszugehörigkeit nicht mehr haben könne. Und nein, das sei keineswegs als Kritik an meiner bisherigen Arbeitsleistung zu verstehen. Es sei nur leider ein unumgänglicher Schritt im Rahmen des notwendigen Innovationsbedarfes. Und natürlich wolle man mir nach über zwanzig Jahren nicht einfach kündigen, sondern mir einen großzügigen Abfindungsvertrag anbieten.

Passenderweise war das kurz vor meinem sechzigsten Geburtstag passiert, der mir ohnehin im Magen gelegen hatte. Nicht dass ich mich wirklich alt gefühlt hätte, aber so manche Veränderungen an meinem Körper hatte ich in den letzten Jahren doch mit einer gewissen Wehmut zur Kenntnis genommen: diese Fältchen und Falten, die Auswirkungen der Schwerkraft auf verschiedenste Körperteile, die »Altersfleckchen« auf der Haut und was da sonst noch alles zu sehen oder doch zumindest zu spüren war. Nicht schön, nein, wahrlich nicht, aber auch nicht dramatisch – hatte ich jedenfalls bisher gedacht. Demgegenüber hatte auf der positiven Seite gestanden, dass ich bei der Arbeit immer seltener in

Stress geraten war. Mit meinem Erfahrungsbonus hatte ich nicht nur mich selbst, sondern oft auch jüngere Kolleginnen beruhigen und auf den Boden bringen können. Mein Alter war mir deshalb bis zu diesem Kündigungsgespräch weniger als Verlust, sondern vielmehr als Zugewinn an Lebenserfahrung und -qualität erschienen – auch wenn die Zahl Sechzig, das musste ich schon zugeben, ein gewisses Unbehagen in mir hervorgerufen hatte. Daran hatten auch Floskeln wie »Sechzig ist das neue Vierzig«, die so oder ähnlich auf einigen meiner Geburtstagskarten gestanden hatten, nichts ändern können. Denn es stimmte ja nicht. Sechzig hatte nun mal nichts mehr mit der Lebensmitte zu tun, sondern läutete zumindest das letzte Drittel ein. Und es gab eine ganze Menge Dinge, die einem nicht mehr offenstanden. Mit dem zwar auch in jüngeren Jahren überwiegend hypothetischen Gefühl, die Welt stünde einem offen und man könne mit gewissen Entscheidungen sogar noch warten, war es jedenfalls endgültig vorbei.

Anders als meine Freundinnen hatte ich nie daran gedacht, vor meinem regulären Rentenalter aufzuhören zu arbeiten. Ich legte zwar großen Wert auf meine Freizeit und meine Urlaubsreisen. Mein Lebensgefährte Stefan, meine Herkunftsfamilie, mein Freundeskreis und insbesondere meine Freundinnen waren mir wichtig, und ich nahm mir vielleicht nicht immer genug, aber doch regelmäßig Zeit für sie. Doch da ich keine Kinder hatte, also auch keine Elternzeit in Anspruch hatte nehmen können, war die Arbeit für mein Leben bisher doch sehr bestimmend gewesen. Ich war Lisa, die kreative Designerin, die immer wieder neue Gestaltungselemente für das Corporate Design von verschiedensten Unternehmen entwickelt und damit auch so manchen Pitch für die Agentur gewonnen hatte. Nicht dass ich meine Arbeit für unersetzlich gehalten hätte, aber es war eben etwas, das ich gut konnte, und deshalb schien es untrennbar zu mir, zu meiner Identität zu gehören.

Was danach kommen würde, hatte mich bisher wenig beschäftigt. Rein theoretisch hatte ich mir schon mal zurechtgesponnen, was ich nach meinem Arbeitsleben machen könnte. Meine Ideen hatten vom Leben auf dem Land mit Garten und Tieren über Reise- und Auswanderungsideen, verschiedenste ehrenamtliche Tätigkeiten, die Gründung einer Senioren-WG bis hin zur Aufnahme eines Studiums der Religionswissenschaften oder Ethnologie gereicht. Alles ganz unverbindlich.

»Wer weiß, vielleicht mache ich ja noch eine Ausbildung zur Yogalehrerin, oder ich gehe erst mal auf eine Alm und hüte Ziegen oder Kühe«, hatte ich eher zum Spaß schon mal zu einer meiner Freundinnen gesagt, die etwas älter waren und sich mehr mit dem Thema beschäftigen mussten oder wollten. Für mich waren das bisher nur unverbindliche Gedankenspiele ohne jede Ernsthaftigkeit gewesen, doch jetzt fühlte sich das völlig anders an. Die Frage lautete nicht mehr:

»Was könnte ich vielleicht tun?«, sondern: »Was möchte und was kann ich jetzt wirklich tun?« Zwei Fragen, die ähnlich klingen und doch Welten voneinander entfernt sind!

≈

War ich jetzt etwa doch kurz eingeschlafen? Auf jeden Fall taten mir alle Knochen und Muskeln weh, als ich mitten in der Nacht versuchte, eine bequemere Sitzposition einzunehmen. Ein Blick auf die Uhr zeigte mir, dass wir noch einige Stunden Flugzeit vor uns hatten. Wahrscheinlich war es mein Herumzappeln, das meine junge Sitznachbarin aufgeweckt hatte, und ich rechnete schon mit einem genervten Blick oder bösen Kommentar. Aber sie lächelte mich freundlich an und meinte: »Na, Schwierigkeiten mit dem Einschlafen?«

»Tut mir leid, aber ich kriege kein Auge zu, jedenfalls nicht länger als ein paar Minuten«, antwortete ich stöhnend, woraufhin sie mich anschaute und fragte: »Liegt es an den unbequemen Sitzen oder an der Aufregung, was dich wohl in Sri Lanka erwartet?«

Erstaunt und gleichzeitig dankbar für diese ungewöhnlich direkte Frage sowie dafür, dass sie mich geduzt hatte, antwortete ich so offen und ehrlich, wie ich das gegenüber unbekannten Menschen sonst nicht zu tun pflegte: »Letzteres trifft den Nagel auf den Kopf. Ich habe mich entschieden, an einem Meditationsretreat teilzunehmen, obwohl ich bisher nur sporadisch meditiert habe und ehrlich gesagt keine Ahnung habe, was da auf mich zukommt und ob ich das überhaupt durchhalte.«

»Und warum machst du das, wenn ich fragen darf?«, erwiderte sie.

»Tja, ich habe völlig unerwartet meinen Job verloren und keinen blassen Dunst, wie es weitergehen soll. Ich fühle mich ein bisschen wie nach dem Abschluss meines Studiums, als ich auch nicht wusste, was ich aus meinem Leben machen will. Im Gegensatz zu damals habe ich aber nicht mehr das Gefühl, mir stünde die Welt offen. Denn gleichzeitig komme ich mir entsetzlich alt vor. Ich bin gerade sechzig geworden und frage mich, was denn jetzt überhaupt noch möglich ist – und nicht nur möglich, sondern auch sinnvoll.«

»Okay«, sagte sie und wackelte mit dem Kopf, »das klingt wirklich nach einer nicht ganz einfachen Situation oder – wie man es heute gerne ausdrückt – nach einer Herausforderung.«

»Das kannst du wohl sagen«, bekräftigte ich. »Na ja, und als ich so gar keine Idee hatte, was ich tun sollte, rief mich ein alter Freund an und empfahl mir dieses Zentrum. Er meinte, dort könne ich herausfinden, was mir wirklich wichtig sei.«

Ich machte eine kleine Pause, bevor es förmlich aus mir herausplatzte: »Und zwar unabhängig davon, wie mein Partner, meine Geschwister, meine Freundinnen und ehemaligen Kolleginnen das finden, die natürlich alle schon Ideen und Vorstellungen davon haben, was zu mir passen würde.«

Dann sahen wir uns an und mussten plötzlich beide lachen. Es war ein befreiendes Lachen. Wie zwei kleine gackernde Teenager saßen wir prustend nebeneinander. Und tatsächlich erinnerte mich diese junge Frau an eine meiner besten Schulfreundinnen, die es oft verstanden hatte, mich auch in schwierigen Situationen zum Lachen zu bringen.

»Ich heiße Nora«, sagte sie, nachdem wir uns wieder beruhigt hatten, »und in gewisser Weise geht es mir ähnlich. Eigentlich hatte ich geplant, nach meinem Studienabschluss zusammen mit meinem Freund ein Jahr Work and Travel zu machen. Doch kaum hatte ich meinen Master in der Tasche, eröffnete er mir, dass er sich in eine andere Frau verliebt hat und sich von mir trennen will.«

Nora schwieg einen Moment, bevor sie fortfuhr: »Da ist eine Welt in mir zusammengebrochen. Klingt kitschig, oder? Es fühlte sich aber so an. Wir waren so ein tolles Paar – dachte ich zumindest immer –, wir hatten so viele gemeinsame Pläne geschmiedet, und dann das.«

Nora atmete tief durch, starrte die Lehne vor ihr an und verstummte kurz, als ob ihr noch einmal vieles durch den Kopf ginge.

Doch dann redete sie in einem energischen Ton weiter. »Ich möchte jetzt erst mal allein auf Reisen gehen, um mehr von der Welt und von mir selbst kennenzulernen, bevor ich anfange zu arbeiten oder mich womöglich in eine neue Beziehung stürze.«

Sie verzog das Gesicht und feixte, bevor sie fortfuhr: »Weißt du was? Ich finde das ziemlich cool und mutig, was du vorhast. Und außerdem: Was hast du schon zu verlieren? Ist doch allemal eine spannende Erfahrung, oder?«

»Da hast du wohl recht«, stimmte ich ihr zu und war fast ein bisschen stolz darauf, dass eine so junge Frau mein Vorhaben cool und mutig fand. Es bestärkte mich darin, dass es richtig gewesen war, Stefans lieb gemeintes Angebot, mit mir zusammen zu verreisen, abzulehnen.

»Ein anderes Mal sehr gerne«, hatte ich zu ihm gesagt und zu erklären versucht, dass ich allein herausfinden musste, was für mich jetzt wichtig war. »Wenn ich zurückkomme, können wir gerne darüber sprechen, was für neue Möglichkeiten sich dadurch auch für unser Zusammenleben ergeben. Aber den ersten Schritt will ich allein gehen«, hatte ich gesagt, um ihm meine Entscheidung verständlich zu machen.

Die Enttäuschung war ihm anzusehen gewesen, als er schließlich meinte, er könne das zwar nicht so ganz nachvollziehen, würde es aber akzeptieren. Dafür war ich ihm sehr dankbar. Umso mehr, als er bereits seit einem Jahr nicht mehr arbeitete und mich schon seit einiger Zeit zu bearbeiten versucht hatte, ein Sabbatical zu nehmen, um mit ihm zusammen auf Weltreise zu gehen.

Während Nora wieder schlief, fiel mir das Tagebuch ein, das mir eine Freundin zum Abschied geschenkt hatte. »Vielleicht magst du dir ja ab und zu aufschreiben, was dir durch den Kopf geht«, hatte sie gesagt. »Mir selbst hat es in einer Umbruchsituation sehr geholfen, die Fragen, die mich umtrieben, aufzuschreiben, weil ich allein schon dadurch mehr Klarheit darüber gewonnen habe, worum es eigentlich geht.«

Ich nahm das Büchlein, auf dessen Einband wunderschöne Lotusblüten abgebildet waren, aus meinem Rucksack und schrieb die Fragen auf, die mir jetzt nicht mehr gar so wild durch den Kopf schwirrten, sondern etwas klarer zu werden schienen:

1. Wer bin ich ohne meinen Beruf? Was bin ich wert, und was verleiht meinem Leben Sinn?
2. Was erwartet mein Umfeld von mir, und wie wichtig ist mir die Anerkennung der anderen?
3. Was will ich? Was ist mir wirklich wichtig?

WO BIN ICH BLOSS GELANDET?

Als ich übermüdet und aufgeregt in Colombo aus dem Flugzeug stieg, wurde ich schier erschlagen von der feuchten, subtropischen Hitze – und das am frühen Morgen! Was für ein Unterschied zur kühlen Witterung zu Hause in Frankfurt! Aber nicht nur die Temperatur, auch die Geräusche, die Gerüche und das Licht waren so ganz anders. Ob ich in dieser fremden Welt finden würde, was ich suchte?

Aber für solch grundsätzliche Gedanken war jetzt wirklich nicht die Zeit. Zunächst brauchte ich ein Taxi, das mich zum Meditationszentrum brachte. Und davor wollte ich noch Stefan und meinen engsten Freundinnen schreiben, dass ich gut angekommen war. Denn im Zentrum, so viel wusste ich schon, gab es keinen Handy-Empfang, ja noch nicht einmal Elektrizität. Es war ein seltsames Gefühl, mein Handy nicht nur kurzfristig lautlos oder auf Flugmodus zu stellen, sondern es wirklich auszuschalten.

»Du wirst sehen, wie gut es tut, für eine gewisse Zeit mal offline und ausschließlich in der Gegenwart zu sein«, hatte mein alter Freund Bernie gesagt, als er mir das Meditationszentrum empfohlen hatte. So ganz sicher war ich mir da zwar nicht, aber ich hatte fest vor, mich auf dieses Abenteuer einzulassen.

Abenteuerlich und weit entfernt von dem, was ich so kannte, fühlte sich schon die Fahrt durch die chaotischen Straßen Colombos an. Mein Taxifahrer kämpfte sich hupend zwischen großen, bunt bemalten Lastwagen, mittelalterlich anmutenden Rindergespannen, wendigen Tuk-Tuks, Rikschas, Fahrradfahrern und überfüllten Bussen hindurch. Ich fühlte mich gleichzeitig angezogen und abgestoßen von diesem bunten Durcheinander. Das Ganze schien wie ein Fischschwarm zu funktionieren: Die verschiedenen Verkehrsteilnehmer wichen einander auf eine – für mein deutsches, auf festen Regeln basierendes Denken und Handeln – nicht nachvollziehbare Weise aus und umfuhren einander, ohne zusammenzustoßen. Irgendwie faszinierend, aber auch ein bisschen beängstigend!

»Don't worry, Madame«, versuchte der Fahrer mich zu beruhigen. »Just relax. I'm a very good driver«, lobte er sich selbst und lächelte mich freundlich an. Abgesehen von ein paar Manövern, bei denen ich kurz die Luft anhalten und mich am Sitz festkrallen musste, entspannte ich mich tatsächlich mehr und mehr, als sich unser Weg schließlich durch kleine Dörfer und wenig befahrene Straßen immer höher ins Bergland hinaufschlängelte.

Es hatte fast etwas Unwirkliches: Ab und zu rannten lachende Kinder dem Taxi hinterher und winkten. Frauen, die in den Teeplantagen arbeiteten, wirkten in ihren bunten Saris wie wunderschöne Farbflecken zwischen all den grünen Büschen. Junge, meist dünne, sehnige Männer mit um die Hüften gebundenen Tüchern schulterten schwere Lasten in rucksackähnlichen Körben. Alte Männer saßen am Straßenrand, kauten Betel, unterhielten sich und spuckten ab und zu eine ekelhaft aussehende rote Flüssigkeit aus. Es fühlte sich so an, als ob ich in einem Film gelandet wäre, von dem ich noch nicht wusste, ob er mir gefällt oder nicht.

Und dann endlich, am Nachmittag, nachdem mein Fahrer etliche Male fluchend ausgestiegen war, um zu überprüfen, ob sein Wagen die Fahrt durch die tiefen Schlaglöcher heil überstanden hatte, sah ich die flachen, einfachen Gebäude des Meditationszentrums, eingebettet in eine üppige subtropische Vegetation. Was für ein kleines Paradies! Hier würde ich zur Ruhe kommen können. Auf eine Art fühlte es sich an wie Ankommen, wie Nachhausekommen.

≈

Da war ich also. Mein Herz klopfte, als ich, dem Schild »Reception« folgend, über das Gelände ging und mich für meine Verhältnisse ungewohnt schüchtern umsah. Das hier war anders als alles, was ich kannte. Es lag eine ganz besondere Stille über allem. Ein paar Menschen gingen langsam und mit leicht gesenktem Blick durch den Garten. Keiner sah mir ins Gesicht oder erwiderte mein Lächeln, was mich ziemlich befremdete und verunsicherte. Umso dankbarer war ich, als ich an der Rezeption von

Karen, einer Endvierzigerin, die, ihrem Englisch nach zu urteilen, vermutlich aus Skandinavien oder den Niederlanden stammte, sehr herzlich begrüßt wurde.

»Hallo, Lisa«, sagte sie. »Wie schön, dass du da bist. In den ersten Tagen wird dir hier sicher so manches befremdlich erscheinen, wenn du noch nie an einem Retreat teilgenommen hast. Es geht hier nicht darum, Kontakte mit anderen zu schließen, sondern ganz nach innen zu schauen. Deshalb lächeln wir uns auch nicht an, wenn wir uns begegnen. Das hat nichts mit Unfreundlichkeit zu tun, sondern wir bezeugen damit vielmehr Respekt davor, dass das Ziel an diesem Ort darin besteht, in die Stille zu gehen. Manche tragen ein kleines Schild an der Brust, auf dem ›I am in silence‹ steht. Das bedeutet, dass sie auch während der Teatime nicht an der achtsamen Kommunikation teilnehmen. Was es damit auf sich hat, kannst du auf diesem Blatt nachlesen, auf dem die wichtigsten Regeln aufgelistet sind, die hier gelten.«

Mit diesen Worten drückte Karen mir ein Blatt mit Verhaltensregeln sowie einen Stundenplan, auf dem der gesamte Tagesablauf nachzulesen war, in die Hand. An diesen Plan müsse sich jeder halten. Nur wer krank sei, könne mal eine Meditation versäumen. Ansonsten würde von jedem, der an dem Retreat teilnehmen wolle, erwartet, bei allen Stunden dabei zu sein.

Ich nickte und ließ mir nichts anmerken, doch innerlich kam leichte Panik in mir auf. Mit so viel Strenge hatte ich nicht gerechnet. Wo blieb denn da meine Freiheit? Aber ich hatte nicht viel Zeit zum Nachdenken, bevor der nächste Schock kam.

»Komm mit, Lisa«, sagte Karen, »jetzt zeige ich dir dein Zimmer. Heute bist du noch allein, ab morgen bekommst du eine Zimmergenossin.«

Ich hatte wirklich keinen Luxus erwartet, denn Bernie hatte mich vorgewarnt. Die Einfachheit und mönchische Kargheit der Kammer übertrafen allerdings doch meine Erwartungen: Der kleine Raum bestand aus zwei Pritschen, auf denen jeweils eine dünne, nicht mehr ganz taufrische Matratze lag und zwischen denen vielleicht anderthalb Meter Abstand war. In den Holzwänden steckten ein paar Nägel, die als Garderobenhaken dienten. Am Kopfende jeder Pritsche stand ein niedriges Bänkchen, auf dem man etwas ablegen konnte. Das war alles.

≈

»Tief durchatmen und ganz ruhig bleiben«, sagte ich mir. »Keiner kann dich zwingen zu bleiben, wenn dir das hier zu viel wird oder doch zu spartanisch ist.« Ich holte ein paar Sachen aus meinem Rucksack heraus und setzte mich auf eine kleine Holzbank im Garten, um das Blatt mit dem Tagesablauf und den Regeln in Ruhe durchzulesen.

Aufstehen um 4:30 Uhr – das hatte ich bisher vielleicht drei oder vier Mal in meinem Leben gemacht, um einen frühen Flug zu erwischen, aber das würde ich schon irgendwie schaffen.

Der ganze Tag war durchstrukturiert mit mehreren Einheiten Sitz- und Gehmeditationen, einer Stunde achtsamem Yoga am Morgen, Arbeitsmeditation nach dem Mittagessen, Mantra-Singen und Vorträgen am Abend. Zubettgehzeit war abends um 21 Uhr. Wann war ich wohl das letzte Mal so früh schlafen gegangen? Aber schließlich stand man ja schon zu nachtschlafender Zeit auf. Ich würde also vermutlich müde sein.

Dreimal am Tag gab es etwas zu essen: Frühstück um 7 Uhr, um 12 Uhr Mittagessen und um 15 Uhr Tee und Kekse. Das klang nach Diät, kam mir aber durchaus zupass. Drei oder vier Kilos abzunehmen hatte ich mir schon länger erfolglos vorgenommen.

Keine eng anliegenden Klamotten, kein Schmuck und kein Make-up – das war schon schwerer. Außerdem rief es die Rebellin in mir auf den Plan: Was sollte das denn? Wieso wollten die mir vorschreiben, wie ich auszusehen habe? Aber ich könnte mich ja vielleicht ganz dezent schminken. Nur ein feiner Lidstrich und ein bisschen Make-up. Das würde bestimmt gar nicht auffallen.

»Im Ernst, du willst schummeln? Du bist noch gar nicht richtig angekommen und überlegst schon, wie du dich darum drücken kannst, etwas auszuprobieren, was dir unangenehm ist?«, meldete sich da plötzlich eine Stimme in mir zu Wort, die ich nicht richtig zuordnen konnte, die aber recht zu haben schien. Nur, wie sollte ich damit klarkommen? Da waren ja noch weitere Regeln, die es in sich hatten.

Während der Anwesenheit im Zentrum durfte man weder Bücher lesen noch Musik hören, musste also letztlich auf all die lieb gewonnenen Ablenkungsmanöver verzichten. Erlaubt war lediglich, sich in der Bibliothek mit buddhistischen Texten zu beschäftigen. – Das war auch nicht ohne, aber ich würde es hinkriegen. Immerhin war es erlaubt, ein Tagebuch zu führen. Das würde mich retten.

Zwei Ausnahmen gab es, die einem erlaubten, das Schweigen zu brechen: Alle zwei Tage konnte man sich einen Gesprächstermin bei Bhikkhuni Devasana geben lassen, einer Nonne und spirituellen Leiterin des Zentrums. Außerdem durfte man sich jeden Nachmittag während der Teatime eine halbe Stunde lang in achtsamem Sprechen und Zuhören üben. Das hatte Karen ja schon angedeutet. Was das genau bedeutete, war mir nicht klar, aber es klang interessant.

≈

Als ich auf meine Uhr sah, stellte ich fest, dass ich die Teatime leider schon verpasst hatte. Heute gab es also nichts mehr zu essen. Plötzlich ertönte dreimal ein Gong, ein tiefer, angenehmer Klang. Es war 5 Uhr und Zeit für eine Stille Meditation, wie ich dem Tagesplan entnommen hatte. Gemessenen Schrittes gingen etwa vierzig Frauen und Männer durch den Garten in Richtung Meditationshalle. Keiner schien in Eile zu sein, aber die Zielgerichtetheit, mit der alle unterwegs waren, fiel mir auf. Schnell legte ich meine Sachen zurück in meine Kammer und folgte den anderen in die Halle, einen großen, relativ dunklen Raum. Ganz vorn stand eine wunderschöne, große Buddha-Figur, die durch die hereinscheinende Sonne golden leuchtete. Auf einem Podest neben der Figur lag ein Meditationskissen, auf dem später die Nonne, Bhikkhuni Devasana, Platz nehmen sollte. An den Seiten des lang gestreckten Raumes lagen auf umlaufenden Podesten viele Meditationskissen für die Teilnehmer des Retreats.

Ich würde jetzt gerne erzählen, dass ich gleich bei der ersten Meditationsstunde diese wunderbare, friedvolle Stille in mir gefühlt hätte. Aber so war es nicht – ganz im Gegenteil. Vorsichtshalber hatte ich mich relativ weit nach hinten gesetzt, um nicht unangenehm aufzufallen, doch meine innere Unruhe, die alsbald in einem Herumrutschen auf dem Kissen und Umplatzieren meiner schmerzenden Beine ihren äußerlichen Ausdruck fand, war mir so unangenehm, dass mir die Schamröte ins Gesicht stieg und sich gefühlt alle Muskeln und meine Atmung immer mehr verkrampften.

»Lass dich auf dem Kissen nieder. Spüre, wie du getragen wirst von der Erde. Richte deinen Rücken ganz anstrengungslos auf, und fühle, wie dein Atem ein- und ausströmt, ohne dass du irgendetwas tun musst.«

Mit diesen oder ähnlichen Worten hatte die Nonne die Stille Meditation eingeleitet. Und ja, ein paar Minuten – nein, eher Sekunden – lang war mir das sogar gelungen, doch dann schienen mein Kopf und mein ganzer Körper verrücktzuspielen. Schon die bloße Vorstellung, das eine Stunde lang auszuhalten, war unerträglich.

»Ich schaffe das nie und nimmer«, jammerte eine innere Stimme in mir, auf die eine andere brüsk reagierte mit: »Was hast du dir nur eingebildet, als du hierhergefahren bist? Kaum wird es ein bisschen unbequem für dich, willst du abhauen.« Und dann war da noch eine dritte Stimme, die meinte: »Was soll das schon bewirken, einfach dazusitzen und den eigenen Atem zu beobachten. Das bringt doch eh nichts.«

Während sich diese inneren Stimmen in mir kabbelten, schliefen mir abwechselnd zuerst der rechte und dann der linke Fuß ein, mein Rücken schmerzte, und ich hatte das Gefühl, dass die Frau, die links neben mir saß, schon genervt zu mir herübergesehen hatte, weil ich nicht nur herumgezappelt, sondern auch noch gut hörbar ausgeatmet hatte, um wenigstens ein bisschen Spannung loszuwerden.

Als der Abschluss-Gong endlich erklang, war das wie eine Erlösung. Ich humpelte auf meinen eingeschlafenen Füßen nach draußen und fühlte mich gedemütigt, ja beschämt. Gut, ich war immerhin sitzen geblieben, aber das war auch schon alles. Ich fühlte mich wie nach einem misslungenen Vorstellungsgespräch oder wie nach meinem ersten Philosophie-Seminar, in dem ich das Gefühl gehabt hatte, nichts, aber auch gar nichts zu verstehen. Damals hatte ich mich durchgebissen und nach und nach Freude daran gefunden. Aber ob das mit der Meditation auch so sein würde?

≈

Bevor ich mich nach dem Mantra-Singen, bei dem ich halbherzig mitgebrummt hatte, auf den Weg in meine Kammer machte, spazierte ich im Dunkeln noch ein bisschen über das Gelände des Zentrums. Ich war zwar hundemüde, aber gleichzeitig innerlich so aufgewühlt, dass ich mir nicht vorstellen konnte, gleich zu schlafen. Außerdem verlangte mein Körper nach dem langen Sitzen im Schneidersitz dringend nach Bewegung.

Die Dunkelheit – eine derart tiefe Dunkelheit, wie man sie als Städter gar nicht mehr kennt – beängstigte mich zwar ein wenig, aber ich hatte ja glücklicherweise eine Taschenlampe dabei. Vor dem Bibliotheksgebäude entdeckte ich eine Pinnwand, an der ein Blatt mit einem Buddha-Zitat hing:

»Du kannst inneren Frieden und Glückseligkeit nicht herstellen. Sie sind deine wahre Natur. Sie bleiben übrig, wenn du all das aufgibst, was dich leiden lässt.«

Diese Worte sollten mir in den nächsten Tagen noch oft durch den Kopf gehen. Stimmte das? War es wirklich so einfach, glücklich zu werden? Und vor allem: Was musste ich aufgeben? Was genau war es, was mich leiden ließ?

Ich hatte eine vage Ahnung, dass es mit meinen Vorstellungen von einem glücklichen, erfüllten Leben zusammenhängen könnte. In meinem Freundes- und Bekanntenkreis galt jemand als glücklich, wenn er sich in einem möglichst großen Maße selbst verwirklichen konnte. Wenn er erfolgreich war in einem Beruf, der nicht nur ein gewisses Sozialprestige hatte, sondern auch noch als »sinnvoll und kreativ« galt.

Das Motto lautete: »Werde die beste Version deiner selbst«, was ja schon andeutet, dass es um Wettbewerb geht. Nicht nur der Beruf, auch die Freizeitgestaltung unterlag ständigen Vergleichen: Wer ist der oder die Interessanteste? Wer hat begriffen, was der Zeitgeist jetzt erfordert, was jetzt angesagt ist? Selbst bei den Ehrenämtern, in denen einige meiner Freundinnen sich engagierten, schwang stets die Frage mit, ob das, was sie da taten, besonders toll oder besonders anspruchsvoll war.

Im Geheimen hatte ich mir in den letzten Jahren manchmal so etwas gewünscht wie ein »einfaches Leben«, doch auch davon hatte ich letztlich nur Klischeevorstellungen im Kopf, wie aufs Land zu ziehen und selbst Obst und Gemüse anzubauen oder irgendwo in südlichen Gefilden in einem kleinen Häuschen am

Meer zu leben, Kinderbücher zu schreiben mit einer Katze auf dem Schoß und nur ganz wenig zu besitzen, um das ich mich kümmern müsste.

Jetzt, wo es darum ging, mein Leben wirklich neu auszurichten, dämmerte mir, dass all diese Vorstellungen mich eher behinderten. Doch was blieb mir, wenn ich mich von ihnen verabschiedete? Was war mir wirklich wichtig?

≈

Trotz meines kleinen Spaziergangs konnte ich lange nicht einschlafen und wachte auch immer wieder auf in dieser Nacht. Ungewohnte Geräusche erregten meine Aufmerksamkeit. Irgendein Tier schien auf den Wellblechdächern unserer Behausungen herumzutoben. Vielleicht waren es die Affen, die immer wieder durch das Gelände tobten, oder der Mungo, von dem Karen mir erzählt hatte, er sei harmlos und ich müsse keine Angst vor ihm haben. Käuzchen oder andere nachtaktive Vögel ließen schrille Schreie ertönen. Im Wesentlichen war es aber mein aufgewühlter Geist, der mir einzureden versuchte, dass ich das hier nicht durchstehen würde, und der sich verschiedenste Fluchtszenarien ausmalte.

Ich würde am nächsten Morgen einfach meine Sachen packen und verschwinden. Doch wohin? Nach Hause zu fliegen wäre eine Niederlage und würde einem Eingeständnis des Scheiterns gleichkommen. Diejenigen, die mir prophezeit hatten, dass ein Meditationsretreat gewiss nicht das Richtige für mich sei, würden sich bestätigt sehen. Die anderen, die mir zugeredet hatten, es zu machen, wären enttäuscht. Und Stefan hörte ich schon sagen: »Wärest du mal lieber mit mir zusammen verreist, wie ich es vorgeschlagen hatte.« Das war also keine Option.

Mir einfach an der Küste von Sri Lanka ein nettes Hotel zu suchen, mir Massagen geben zu lassen oder vielleicht sogar eine Ayurvedakur zu machen, klang zwar irgendwie verlockend, doch ich bezweifelte, dass es mich weiterbringen würde im Hinblick auf die drängende Frage, was ich in Zukunft mit meinem Leben anfangen wollte.

Nein, es war auf jeden Fall zu früh, um die Flucht zu ergreifen. Es entsprach auch nicht meiner Art, so schnell aufzugeben, und wenn es einen großen Vorteil des Alterns gibt, dann doch den, dass man schon auf eine Menge Situationen zurückblicken kann, die man irgendwie gemeistert hat. Ich beruhigte den aufgewühlten, panischen Teil in mir damit, dass ich ihm sagte, ich könne in ein paar Tagen ja immer noch die Segel streichen, wenn ich es dann noch wollte. Außerdem gab es doch einen kleinen Hoffnungsschimmer. Vielleicht war es mir vergönnt, wenigstens einen Geschmack von diesem inneren Frieden und der Glückseligkeit zu bekommen, sollte dies auch meiner inneren Natur entsprechen – was ja nicht auszuschließen war.

ES IST, WIE ES IST

Als um 4:30 Uhr der Gong ertönte und ich mich mühsam aus meinem Schlafsack herausschälte, war es noch stockfinster und kalt. Nur die Sterne und der Schein vieler Taschenlampen, die den Weg zum Waschraum und den Toiletten beleuchteten, waren zu sehen.

Im Reiseführer hatte ich gelesen, dass es in Sri Lanka viele giftige Schlangen gab sowie alle möglichen Insekten, mit denen ich nur ungern Bekanntschaft machen wollte. Ich versuchte also, den Weg möglichst gut mit meiner Taschenlampe auszuleuchten. Und schon wieder sprach eine innere Stimme: »Bist du denn völlig bescheuert?! Du stolperst zu nachtschlafender Zeit im Dunkeln durch die Gegend? Warum tust du dir das an?«

Aber es war jetzt nicht die Zeit für lange innere Streitgespräche. Schnell die Zähne putzen, etwas kaltes Wasser ins Gesicht spritzen, mehr war nicht drin. Kein Gedanke an Schminken, Schmuck anlegen oder Ähnliches, womit ich mich gestern noch beschäftigt hatte. Es war mir an diesem Morgen, wie ich mit leichtem Erstaunen bemerkte, komplett egal. In diesem Halbdunkel würde mich allemal niemand sehen. Ganz abgesehen davon, dass einem hier ja sowieso keiner ins Gesicht schaute. Das konnte also auch von Vorteil sein.

Noch schlaftrunken setzte ich mich in der nur von Kerzen beleuchteten Meditationshalle auf ein Kissen und versuchte, eine halbwegs bequeme Haltung zu finden. Nicht dass ich wirklich so etwas wie innere Ruhe verspürt hätte. Vermutlich war es vor allem meine morgendliche Erschöpfung, die dabei half, das Kopfkino gar nicht erst richtig in Gang kommen zu lassen, und auch meine Beine schienen mir etwas entspannter und williger zu sein, den Schneidersitz einzunehmen.

Zwischendurch dachte ich an das Gespräch mit Nora im Flugzeug. »Cool und mutig« hatte sie mich genannt, und es hatte mir ziemlich gutgetan, das von einer so jungen Frau zu hören. Vielleicht sollte ich ja versuchen, mich selbst wenigstens ein bisschen dafür wertzuschätzen, dass ich diesen großen Schritt aus meiner Komfortzone heraus gewagt hatte. Wie groß er werden würde, hatte ich zwar nicht geahnt, aber jetzt war ich nun mal hier und hatte die Chance, etwas daraus zu machen. – Oder vielleicht besser: etwas zu lassen. Ich musste grinsen, weil mir schon jetzt klar war, dass darin eine der größten Herausforderungen für mich liegen würde: nicht zu machen, sondern etwas zuzulassen.

≈

Auf die Morgenmeditation folgte meine erste Yogastunde im Zentrum. Und, was soll ich sagen, ich war glücklich, bei etwas mitmachen zu dürfen, was ich konnte, worin ich mich sicher fühlte. Das war meine Welt. Mein Körper atmete förmlich auf bei den Dehnungen, und ich schmolz in die Bewegungen hinein.

Es war kein anspruchsvolles Yoga mit komplexen Asanas, das hier angeleitet wurde. Vielmehr diente es dazu, die Wahrnehmung für den eigenen Körper zu verbessern und den verkrampften westlichen Körpern, die es nicht gewohnt waren, ständig auf dem Boden zu sitzen, Linderung zu verschaffen. Dafür war ich unendlich dankbar. Doch nicht nur das. Mein angeschlagenes Selbstbewusstsein blühte regelrecht auf, als ich registrierte, dass ich vermutlich die beweglichste Yogini in diesem Raum war.

»Konzentriere dich ganz auf deinen Körper, auf deine Bewegungen, und spüre, wo du noch mehr loslassen kannst«, sagte der Yogalehrer und fuhr fort: »Vergleiche dich nicht mit den anderen im Raum. Es ist ganz egal, wie sie die Übungen ausführen und ob sie beweglicher oder weniger beweglich sind als du. Die Qualität liegt im Spüren, nicht im Tun.«

Ertappt! Wenn mich jemand angesehen hätte, wäre ihm vermutlich aufgefallen, dass ich nicht vor Anstrengung, sondern vor Scham rot anlief. Auch beim Yoga galt es also etwas zu lernen für mich. Wie kam es bloß, dass ich noch mit sechzig Jahren die Beste sein und möglichst vom Lehrer gelobt, zumindest aber wohlwollend beachtet werden wollte?

Während der restlichen Yogastunde schloss ich

meist die Augen und versuchte, ganz aus diesem Vergleichs- und Konkurrenzmodus auszusteigen. Leicht fiel mir das nicht, aber ich bekam doch eine vage Ahnung davon, was es bedeuten könnte, frei von der Idee zu sein, anderen gefallen und etwas Besonderes sein zu müssen.

≈

Es dämmerte gerade, als der Gong erklang und die Yogastunde zu Ende war. Wir verließen die Meditationshalle und begaben uns in Richtung Küche, wo sich alle ihr Frühstück abholten: einen Teller mit köstlichem warmem Getreidebrei mit süßen, eingeweichten Trockenfrüchten. Es gab keinen Tisch, an dem wir gemeinsam essen konnten. Jeder suchte sich ein Plätzchen auf einer Bank oder einem großen Stein im Garten und aß seinen Brei, während die Sonne aufging und die tagaktive Tierwelt erwachte.

Zwei Streifenhörnchen, die sich verfolgten oder miteinander spielten, kreuzten meinen Weg, als ich mir einen Platz suchte, an dem ich mich niederlassen konnte. Ich vernahm fremdartige Vogelstimmen, die ich nie zuvor gehört hatte. Wann hatte ich in den letzten Jahren mal einen Sonnenaufgang erlebt? Normalerweise schlief ich um diese Zeit, denn ich war es gewohnt, abends spät ins Bett zu gehen. Umso mehr empfand ich dieses Erwachen der Natur als etwas Magisches, das mich mit Freude erfüllte. Ja, mir taten alle möglichen Muskeln weh, ich hatte schlecht geschlafen und wusste nicht, wie es weitergehen würde, aber jetzt ging es mir gut. Jetzt erlebte ich einen Moment, zu dem ich aus ganzem Herzen einfach nur Ja sagen konnte.

≈

Vor Aufregung schlotterten mir die Knie, als ich am Nachmittag den kleinen Raum betrat, in dem Bhikkhuni Devasana die Gespräche mit den Teilnehmenden des Retreats abhielt. Was sollte ich ihr nur von mir erzählen? Würde sie meine Zweifel und Schwierigkeiten verstehen? Oder würde sie mich fragen, wie ich denn bloß auf die Idee gekommen sei, ohne langjährige Meditationskenntnisse in das Zentrum zu kommen, und mich womöglich wegschicken? Und wenn ja, wäre das eine Erleichterung oder eine Enttäuschung für mich?

Devasana saß aufrecht auf ihrem Meditationskissen und lächelte mich freundlich an – eine kleine, zarte Frau mit geschorenem Kopf im dunkelroten Gewand der buddhistischen Nonnen Sri Lankas. Ihr rundes Gesicht, die weichen Gesichtszüge, vor allem aber ihre strahlenden Augen, die Güte, aber auch einen gewissen Schalk und Humor ausstrahlten, nahmen mich sofort für sie ein. »Setz dich doch«, sagte sie. »Du bist neu hier. Wie heißt du? Woher kommst du, und wie geht es dir heute?«

»Mein Name ist Lisa, ich komme aus Deutschland, habe meinen Job verloren und weiß nicht, wie es mit meinem Leben weitergehen soll. Ich habe noch nie ein Retreat gemacht und bin unsicher, ob dies hier der richtige Ort für mich ist«, stammelte ich in meinem gebrochenen Englisch und wunderte mich selbst über meine Bereitschaft, so offen mit Devasana zu sprechen. »Während der Meditation gehen mir alle möglichen Gedanken durch den Kopf, und ich schaffe es kaum, mich auch nur eine Minute auf meinen Atem zu konzentrieren. Mein Rücken tut mir weh, und meine Beine schlafen ein. Ich fühle mich bevormundet von den vielen Regeln und bin hin- und hergerissen zwischen Selbstzweifeln und Ärger über das, was mir hier abverlangt wird. Ich …«

Und dann konnte ich plötzlich nicht mehr weiterreden, weil mir die Tränen über das Gesicht liefen. Ich weinte und weinte wie lange nicht mehr. In einer anderen Situation wäre mir das unendlich peinlich gewesen. Hier jedoch war es einfach, wie es war – ganz abgesehen davon, dass ich auch keine Chance gehabt hätte, die Tränen zu stoppen.

Devasana nickte, lächelte mich gütig und verständnisvoll an und sagte: »Und wahrscheinlich denkst du, du bist die Einzige, der es so geht, oder?«

Ich schluckte. Wie war das denn jetzt gemeint? Wollte sie meinen Schmerz relativieren und mir sagen, dass ich mich nicht so anstellen solle?

»Was ich höre«, fuhr Devasana fort, »ist, dass du sehr streng über dich urteilst. Du scheinst es gewohnt zu sein, gut zu funktionieren und Leistung zu erbringen, und deshalb glaubst du, du würdest hier versagen. So ist es aber nicht. Du bist hier, und du machst neue Erfahrungen. Du lernst dich neu kennen. Du wagst sozusagen einen Blick hinter die Fassade, und das kann wehtun. Genau genommen tut es am Anfang immer weh, bevor du lernst, dich selbst und alles andere so anzunehmen, wie es nun einmal gerade ist.«

»Ich fühle mich so nackt ohne meinen Schmuck und mein Make-up«, brach es aus mir heraus. »Dass die anderen mich nicht anlächeln, verunsichert mich so unfassbar. Und ich verstehe auch gar nicht, wozu das alles gut sein soll.« Wieder liefen mir die Tränen übers Gesicht, und ich schämte mich für meine Verletzlichkeit. So kannte ich mich gar nicht.

»Wahrscheinlich denkst du, dass ich als Nonne das sowieso nicht verstehen kann«, meinte Devasana. »Aber glaub mir, auch ich habe vor meiner Ordination ein ganz normales Leben geführt, und ich kann mich sehr gut daran erinnern, wie ich mich gefühlt habe, als mir die Haare abrasiert wurden. Meine Familie ist für hiesige Verhältnisse recht wohlhabend. Schon als kleines Mädchen bekam ich wunderschöne goldene Ohrringe und wurde hübsch gekleidet. Besonderen Wert legte meine Mutter aber immer auf mein schönes, dichtes schwarz glänzendes Haar, das sie sorgfältig kämmte

und einölte. Auf diese Weise wurde mein Haar natürlich auch mein Stolz und ein wichtiger Teil meiner Identität. Ich war Samita mit den schönen Haaren, die dafür von vielen bewundert wurde. Tja, und was glaubst du wohl, wie es mir ging, als diese Haarpracht weg war? Ich habe geheult wie ein Schlosshund und eine ganze Weile gebraucht, um deren Verlust als das zu betrachten, was es war: Ich hatte keine Haare mehr – nicht mehr und nicht weniger.«

Ihrem herzhaften, befreienden Lachen, das auf diese Geschichte folgte, konnte ich mich nicht entziehen. Ich spürte, dass sie mich nicht etwa auslachte, sondern mir eine Brücke baute, um meine Schamgefühle, wenn nicht loszuwerden, so doch zumindest als etwas ganz Normales zu akzeptieren.

»Um an diesen Punkt zu kommen«, fuhr Devasana fort, »braucht es Zeit, Geduld und die Bereitschaft, genau hinzusehen, was sich in dir abspielt. Auch wenn du hier den Tagesablauf des Zentrums einhalten und an allen Meditationen teilnehmen sollst, ist deine Aufgabe nicht, etwas zu leisten. Versuche vielmehr, dich in die Gegenwart hineinzuentspannen. – Und glaub mir, ich weiß, dass das einfacher klingt, als es ist.«

Ich atmete tief durch. Mich zu entspannen und mich so anzunehmen, wie ich mich gerade fühlte – das war nun wirklich nicht meine Stärke. Dinge aktiv angehen und Lösungen finden, das konnte ich ziemlich gut. Doch wie sollte ich, ohne etwas zu tun, diese kreisenden Gedanken loswerden, die wie eine Horde Affen durch meinen Kopf tobten? Da musste es doch einen Trick geben, eine Meditationstechnik oder was auch immer. Und außerdem wollte ich ja herausfinden, wie mein Leben nach diesem Retreat weitergehen sollte.

Als ob sie meine Gedanken gelesen hätte, sagte Devasana: »Bei der Meditation geht es nicht darum, die Gedanken und Gefühle, die in dir aufsteigen, loszuwerden. Sei einfach neugierig, und gehe mit einem gewissen Forschergeist an die Sache heran. Du wirst schon noch herausfinden, wie du dein Leben zukünftig gestalten willst oder kannst. Im Moment ist das ganz unwichtig.« Die Nonne machte eine kleine Pause und sah mich an.

Unwichtig? Ich sprach es nicht aus, aber ich dachte,

ich höre nicht richtig. Wie sollte das unwichtig sein? Deshalb war ich doch schließlich hier. Leichte Empörung regte sich in mir, und ich wollte schon ansetzen mit meinem üblichen »Ja, aber …«, als sie fortfuhr:

»Deine erste Aufgabe hier besteht darin, dich immer wieder in die Gegenwart zurückzuholen, wenn deine Gedanken in die Zukunft oder in die Vergangenheit abschweifen. Nimm wahr, was du jetzt fühlst, was du jetzt denkst, ohne es zu bewerten, und dann lass es los. Wir neigen alle dazu, unsere Gedanken und Gefühle zu ernst zu nehmen und uns mit ihnen zu identifizieren. Schau dir an, wie schnell sich die Gefühlslage bei kleinen Kindern ändern kann. Warum ist das so? Weil sie noch ganz im Moment leben. Sie weinen und scheinen untröstlich zu sein, wenn der Schnuller oder ein Lieblingsstofftier verschwunden sind. Doch im nächsten Moment können sie schon wieder lachen, sobald etwas passiert, worüber sie sich freuen.

Damit will ich nicht sagen, dass wir als Erwachsene wieder wie Kleinkinder fühlen und handeln sollten. Aber es gibt eine Menge, was wir von kleinen Kindern lernen können, wenn es darum geht, im Moment präsent zu sein und ohne vorgefasste Meinungen neugierig und staunend auf die Welt zuzugehen.«

Ich nickte. Ja, da hatte sie wohl recht. Und war der kurze perfekte Moment heute Morgen beim Frühstück nicht so etwas gewesen?

»Heute Morgen nach der Meditation, als ich mit meinem Getreidebrei im Garten saß und den Sonnenaufgang beobachtete, habe ich so einen Moment erlebt, in dem ich an nichts anderes dachte als an das, was sich um mich herum und in mir gerade abspielte. Genau genommen habe ich noch nicht einmal gedacht. Ich war einfach präsent und konnte diesen Moment total genießen. Ist es das, was du meinst?«, fragte ich.

»Es freut mich, dass du einen so schönen Moment erlebt hast«, erwiderte Devasana. »Versuche aber nicht, ihn festzuhalten oder zu wiederholen. Präsent zu sein muss nicht heißen, mit allem in Frieden und glücklich zu sein, wie du das in dieser Situation offenbar warst. Die zugegebenermaßen nicht immer einfache Aufgabe besteht darin, auch mit schwierigen Gefühlen präsent zu sein, ohne sie abzulehnen.«

Schwierige Gefühle? Na prima, davon hatte ich zurzeit jede Menge zu bieten, hatte mir aber gewünscht, dass sie sich in der Meditation einfach auflösen würden. Entsprechend frustriert starrte ich auf den Boden, nachdem Devasana darüber gesprochen hatte.

»Jetzt bist du enttäuscht, oder?«, fragte sie mich und fuhr fort, ohne auf eine Antwort zu warten. »Es ist nicht immer einfach, aber es ist auch nicht so schlimm, wie du jetzt wahrscheinlich befürchtest. Wenn du dir immer wieder bewusst machst, dass Gefühle und Gedanken kommen und gehen, brauchst du sie nicht mehr zu fürchten. Sie haben nur die Macht über dich, die du ihnen gibst. Aber denke jetzt nicht zu viel darüber nach. Buddhistische Philosophie und Psychologie sind das eine. Wenn du Interesse daran hast, widme dich dem intensiven Studium der Theorie zu einem späteren Zeitpunkt. Hier geht es vor allem um die Praxis, also darum, selbst Erfahrungen zu machen. Betrachte das Ganze als eine Übung, ein Experiment, wenn du so willst.«

So ganz überzeugt war ich nicht davon, ob mir das gelingen würde, aber was blieb mir schon übrig? Und Devasana strahlte etwas aus, das mir Vertrauen vermittelte. Ich fühlte mich gesehen von ihr, auch wenn sie aus einer ganz anderen Kultur stammte als ich, ein ganz anderes Leben geführt hatte. Wie konnte das sein? Ich merkte, wie sich ein Lächeln in mir ausbreitete, während ich das dachte.

»Eine Frage habe ich aber noch«, sagte ich zögernd. »Sind die anderen, die hier sind, nicht alle schon viel fortgeschrittener in der Meditationspraxis? Ich meine, bin ich hier wirklich richtig?«

Devasana blickte mich warmherzig an und sagte: »Vergiss die anderen. Es spielt überhaupt keine Rolle, ob sie weiter oder weniger weit sind in ihrer Meditationspraxis oder was sie über dich denken. Kontrollieren kannst du es sowieso nicht. Ich kann dir aber verraten, dass sich fast alle, die hier sind, an irgendeinem Wendepunkt in ihrem Leben befinden, an dem sie sich neu orientieren wollen oder müssen. Und deshalb bist du hier absolut richtig – vorausgesetzt, du möchtest es und sagst Ja zu dem, was hier passiert.«

So hatte ich das bisher nicht gesehen, und es erleichterte mich sehr. Aus irgendeinem Grund war ich davon ausgegangen, dass hier lauter Menschen mit viel Meditationserfahrung waren, die ihr Leben wunderbar meisterten und nicht mit so riesigen Fragezeichen im Kopf durch die Gegend liefen wie ich. Was für ein Unsinn!

Ich strahlte Devasana dankbar an und sagte: »Wenn das so ist, dann bleibe ich wohl hier – erst mal zumindest.« Mit einem Hochgefühl verließ ich den kleinen Raum und stand vermutlich etwas dümmlich grinsend im Garten herum, bevor ich in mein Zimmer ging, um mein Tagebuch zu holen und wenigstens in Stichpunkten aufzuschreiben, was die Nonne mir in diesem ersten Gespräch alles gesagt hatte.

≈

Um 3 Uhr nachmittags war Teatime. Dafür gab es keinen Gong, sondern wir mussten selbst auf unsere Uhr schauen oder einfach beobachten, wie sich kleine Grüppchen vor der Küche sammelten. Diese Einrichtung ging nicht etwa auf die Briten, die ehemaligen Kolonisatoren Sri Lankas zurück. Sie war vielmehr aus zwei Gründen entstanden: Zum einen wäre es für die meisten Besucher des Zentrums zu hart gewesen, von 12 Uhr mittags bis zum nächsten Morgen um 7 Uhr nichts zu sich zu nehmen, was der strengen monastischen Tradition entsprochen hätte. Aus diesem Grund konnte man sich zum Tee ein paar einfache, trockene Kekse nehmen. Zum anderen, und das war der Hauptgrund, hatte die Gründerin des Zentrums schon vor vielen Jahren die Ansicht vertreten, dass es für die Menschen, die zum Meditieren hierherkamen und danach in der Regel nicht als Nonnen oder Mönche leben würden, wichtig sei, sich im achtsamen Sprechen und Zuhören zu üben.

Dem Blatt mit den Regeln des Zentrums hatte ich bereits entnommen, dass es dabei darum ging, nur Dinge über sich selbst zu erzählen, die einen gerade wirklich bewegten, beziehungsweise anderen, die etwas mitteilen wollten, einfach nur zuzuhören, ohne das Gesagte zu kommentieren oder irgendwelche Ratschläge zu erteilen. Small Talk oder Mitteilungen über andere Menschen hatten da keinen Platz.

Ich war sehr gespannt, wie das funktionieren sollte. In meinem Bekannten- und Freundeskreis begann man Gespräche, zumal, wenn man sich nicht kannte, eigentlich immer mit einem Austausch über berufliche Tätigkeiten, Urlaubsreisen, das Wetter, kulturelle Aktivitäten oder politische Themen. Mit guten Freundinnen oder mit Stefan sprach ich natürlich auch darüber, was mich persönlich umtrieb, doch war auch das meist umrahmt von allgemeinen Themen. Und allemal konnte ich mir sicher sein, dass ich auch ungefragt jede Menge Kommentare, Meinungen und Ratschläge bekam, auf die ich gerade in letzter Zeit sehr gut hätte verzichten können.

Ein wenig schüchtern stellte ich mich mit meinem Tee und zwei Keksen in der Hand zu einer kleinen Gruppe von Frauen. Eine von ihnen sprach gerade darüber, dass sie vor Kurzem ihre Mutter zu Grabe getragen hatte und unter dem Verlust immer noch sehr litt.

»Meine Mutter war alt und krank«, erzählte sie, »und ich habe es ihr von Herzen gegönnt, dass sie nach einer längeren Leidenszeit sterben durfte. ›Lucia‹, hat sie zu mir gesagt, ›sei mir nicht böse, aber ich möchte jetzt gehen.‹ Und dennoch fällt es mir noch immer schwer zu akzeptieren, dass ich sie nie wiedersehen werde. Immer wieder fallen mir Dinge ein, die ich ihr gerne noch gesagt hätte. Dann mache ich mir Vorwürfe, mich nicht mehr um sie gekümmert zu haben, und wünschte, die Zeit zurückdrehen zu können. Ich meditiere schon seit einigen Jahren regelmäßig, doch gerade kommt es mir vor, als hätte ich das Thema Vergänglichkeit noch gar nicht wirklich begriffen.«

Als sie aufgehört hatte zu sprechen, entstand eine Stille, die sich ganz anders anfühlte als das peinliche Schweigen, das manchmal folgt, wenn Menschen meinen, zu einem traurigen Ereignis etwas sagen zu müssen, aber nicht wissen, was. Diese Stille war nicht unangenehm, sondern würdigte vielmehr, was Lucia mit uns geteilt hatte. Ich begriff, dass all die vermeintlich tröstenden, aufmunternden Worte, die man normalerweise in einer solchen Situation spricht, völlig fehl am Platz gewesen wären. Was ich fühlte, war Lucias Traurigkeit, aber auch Dankbarkeit dafür, dass sie sich so unverstellt gezeigt hatte.

An diesem Nachmittag war ich ganz erfüllt von dieser besonderen Art des Zuhörens und hatte kein Bedürfnis, selbst etwas zu sagen. Ich war mir aber sicher, dass ich es an einem der nächsten Tage tun würde, und das fühlte sich gut an.

≈

Ganz so friedlich sollte dieser Tag für mich allerdings nicht zu Ende gehen. Als ich nach der Teatime kurz in meine Kammer ging, um etwas in mein Tagebuch zu schreiben, stellte ich fest, dass meine Zimmernachbarin angekommen war. Ich hatte so darauf gehofft, dass mir die Frau auf Anhieb sympathisch sein würde und sie ebenso viel Wert auf Ordnung legte wie ich. Doch es kam anders: Äußerlich entsprach Nancy in allem meinen Vorurteilen über übergewichtige, laute Amerikanerinnen. Nicht dass sie unfreundlich gewesen wäre, gar nicht. Sie lächelte mich deutlich mehr an, als mir lieb war. Ihre Klamotten lagen verstreut auf dem Boden hinter unseren Betten. Da sie sich eine Erkältung zugezogen hatte, atmete sie laut hörbar, schniefte und zog die Nase hoch. Ihr Deo verbreitete einen penetranten süßlichen Geruch, der mir zuwider war. Ihre ganze massive Präsenz war mir zu viel, und ich wäre am liebsten gleich zu Karen gerannt, um darum zu bitten, eine andere Zimmernachbarin zu bekommen.

Doch wie sollte ich es begründen? Sollte ich sagen: »Meine Zimmernachbarin ist mir zu dick. Ihr Deo stinkt, sie ist unordentlich, atmet zu laut, und ich mag sie nicht!«? Das war keine Option, wenn ich mich nicht lächerlich machen wollte. Ich musste also einen Weg finden, mich mit ihr zu arrangieren, auch wenn ich noch nicht wusste, wie mir das gelingen sollte. Aber vielleicht gehörte sie ja auch zu den Herausforderungen, an denen ich wachsen konnte. Ich wollte zumindest versuchen, es so zu betrachten, auch wenn ich erst mal die Zähne zusammenbeißen musste. Es sollte mich einige Zeit kosten, um meinen Frieden mit ihr zu finden, doch das wusste ich zu diesem Zeitpunkt glücklicherweise noch nicht.

Alles ist vergänglich

Am dritten Tag fiel mir das frühe Aufstehen überraschenderweise schon leichter als an den beiden ersten Tagen. Und das, obwohl ich, solange ich mich erinnern kann, noch nie eine Lerche gewesen war, die in der Frühe frohgemut den Tag begrüßt hatte. Ganz im Gegenteil. Aber hier in dieser anderen Welt konnte ich den frühen Morgenstunden sogar besonders viel abgewinnen: Es war noch angenehm kühl, die Gerüche, selbst die Farben schienen noch unverbraucht und frisch zu sein. Ich selbst, und das war der Hauptpunkt, befand mich noch in einem Zustand zwischen Schlaf und normalem Tagesbewusstsein, in dem mein Geist sich deutlich ruhiger gebärdete als in der Mittagszeit und sich zumindest etwas leichter lenken ließ.

Müde, aber ohne inneren Widerstand machte ich mich nach einer schnellen Katzenwäsche auf den Weg zur Meditationshalle. Das Thema der angeleiteten Morgenmeditation schien wie extra für mich ausgewählt worden zu sein. Wobei, wenn es stimmte, dass die meisten Retreat-Teilnehmer mit Umbruchsituationen in ihren Leben zu kämpfen hatten, empfanden sie es wahrscheinlich genauso. Es ging darum, den ständigen Wandel, dem alles Leben unterliegt, zu akzeptieren.

»Nimm wahr, wie dein Atem ohne dein Zutun kommt und geht«, sagte Devasana mit ihrer warmen, beruhigenden Stimme. »Dieser Atem verbindet dich mit der Welt, mit allen anderen Wesen, mit dem Universum. Genieße es, wie dein Atem fließt, ohne dass du ihn steuerst. Beobachte die Qualität deines Atems und wie sie sich vielleicht auch immer wieder verändert: Ist sie tief oder eher flach? Schnell oder eher langsam? Bewerte sie nicht, sondern lass sie sein, wie sie ist. Ganz egal, wie deine Atmung gerade fließen will: Nichts ist besser oder schlechter, nichts richtig oder falsch. Vertraue dich dem Fluss des Lebens an, und lass alle Kontrolle und alle Anstrengung los.«

Mag sein, dass das für manche Menschen eine leichte Übung ist. Für mich war sie es nicht. Sobald ich die Aufmerksamkeit auf meinen Atem lenkte, war da auch schon die Kontrolle. Ich konnte den Atem nicht einfach kommen und gehen lassen, sondern steuerte jedes Ein- und Ausatmen. Für ein paar Sekunden und ein paar wenige Atemzüge gelang es mir zwischendurch loszulassen. Doch schon in dem Moment, in dem ich das stolz registrierte, schaltete sich mein Kontrollsystem wieder ein.

Dem Fluss des Lebens zu vertrauen, war nicht gerade meine Stärke. Natürlich gab es auch in meinem Leben eine Menge Routinen, die abliefen, ohne dass ich irgendetwas bewusst steuerte. Doch sobald sich etwas veränderte und die Gefahr bestand, es könnte etwas schieflaufen oder zumindest anders, als ich es mir vorgestellt hatte, leuchtete innerlich eine Warnlampe auf. Wahrscheinlich empfand ich mein Leben auch deshalb oft als so anstrengend.

Aber warum war das so? Welche Erfahrungen hatten mich zu einer Person gemacht, die glaubte, alles kontrollieren zu müssen? In einer Psychotherapie, die ich vor vielen Jahren gemacht hatte, war mir klar geworden, dass frühe Kindheitserlebnisse es mir schwer machten zu vertrauen. Schön und gut. Aber wie konnte ich mich davon befreien? Das war die Frage, die mich jetzt deutlich mehr interessierte als das Warum. Welche Schritte konnte ich jetzt tun, um mehr Vertrauen zu entwickeln?

≈

Nach der Yogastunde, die ich heute – nun ja, sagen wir, fast ohne mich zu vergleichen und mit anderen zu konkurrieren – genossen hatte, ging ich zur Küche, um mir meinen Frühstücksbrei abzuholen. Eigentlich hasste ich es, in einer Schlange anstehen zu müssen, und heute war sie besonders lang. Doch die Ruhe und Gelassenheit, die hier herrschten, hatten sich zumindest auf dieser Ebene schon ein wenig auf mich übertragen. Es gab ja nichts zu verpassen, nichts, das ich zwischendurch auf die Schnelle hätte erledigen können, wie ich das zu Hause oft zu tun gepflegt hatte.

Überhaupt war hier so vieles anders. Während ich zu Hause morgens meist gar nichts oder nur sehr wenig zu mir nahm, hatte das Frühstück sich hier schon jetzt zu meiner Lieblingsmahlzeit entwickelt. Ich liebte diesen warmen Getreidebrei, der heute besonders gut gewürzt war mit viel Zimt und Kardamom. Während des Anstehens war mir das Thema der Meditation noch durch den Kopf gegangen. Doch als ich den ersten Löffel Brei im Mund hatte, sagte ich mir, dass es doch eine Schande wäre, mir diese Köstlichkeit mit irgendwelchen schwerwiegenden Gedanken über Vergänglichkeit oder mangelndes Vertrauen zu vermiesen. Verrückt eigentlich – das schoss mir in dieser Situation förmlich durch den Kopf –, dass ich das im Alltag zu Hause sehr häufig tat. Manchmal nahm ich kaum wahr, was ich aß, wenn ich nebenbei las oder Radio hörte. Jetzt aber löffelte ich diesen Frühstücksbrei so bewusst und dankbar in mich hinein, als ob es die kostbarste Speise wäre – und das war sie in diesem Moment ja auch. Ich machte mir keine Illusionen. Ich wusste genau, dass ich es zu Hause wahrscheinlich nur ab und zu schaffen würde, auf diese Weise zu essen. Aber ich nahm mir fest vor, dieses kleine, intensive Glücksgefühl nicht zu vergessen. Vielleicht war es ja auch so, dass sich Vertrauen in das Leben durch viele kleine Glücksmomente aufbaute – durch Situationen, in denen man sich verbunden und ganz in Frieden mit sich und allem Drumherum fühlte. Das erschien mir jedenfalls durchaus möglich.

≈

Nach dem Frühstück ging ich am Bibliotheksgebäude vorbei, um nachzusehen, welches Buddha-Zitat heute an der Pinnwand hing. Meist hatte es einen Bezug zu einer der angeleiteten Meditationen. Es lautete folgendermaßen:

»Wir glauben an unsere Unwandelbarkeit, doch wir sind unbeständig. Wir glauben an unsere Sicherheit, doch wir sind nicht sicher. Wir glauben, dass wir ewig leben, doch dies ist nicht der Fall.«

Das passte zum Thema Tod, das Lucia gestern angesprochen hatte, doch es beinhaltete noch viel mehr. Genau genommen war diese Aussage des Buddhas eine einzige Provokation für unsere westliche Gesellschaft, in der wir uns glauben machen wollen, dass wir Sicherheit und Beständigkeit kaufen oder durch Leistung erlangen könnten, und in der wir den Tod aus unserem Leben zu verbannen versuchen.

Mich selbst trieb nicht erst seit meiner Kündigung der Gedanke um, dass wir nichts festhalten können, sondern uns eigentlich ständig alles entgleitet, auch wenn wir das meist nicht bewusst wahrnehmen. Die Tatsache, dass wir altern und unser Körper, unsere Leistungsfähigkeit und Belastbarkeit sich verändern, wollen wir nicht wahrhaben. In den letzten Jahren hatte ich außerdem immer häufiger mit Freunden darüber gesprochen, wie fatal es sein konnte, Dinge aufzuschieben, bis es irgendwann zu spät dafür war. Meist hatten wir dabei aber über andere gesprochen, über eine gute Freundin zum Beispiel, die ganz überraschend an Bauchspeicheldrüsenkrebs verstorben war und die so oft davon geträumt hatte, was sie alles machen wollte, wenn ihre Kinder aus dem Haus sein würden. Oder über Kollegen, die so ehrgeizig ihre Karriere verfolgten, dass ihre Gesundheit und ihre Familie auf der Strecke blieben. Und ganz allgemein über Menschen, denen es wichtiger zu sein schien, materielle Güter anzusammeln, als sich um ihre geistige oder emotionale Entwicklung zu kümmern.

Es war ja so einfach, all das bei anderen Menschen wahrzunehmen. Viel einfacher, als die eigenen Prioritäten zu überprüfen und die Konsequenzen daraus zu ziehen, dass wir nicht unbegrenzt viel Zeit haben und vor allem nie wissen, wann sie zu Ende sein wird. Denn das würde ja bedeuten, viel mehr im Moment zu leben und wichtige Dinge nicht mehr hintanzustellen. Und es würde auch heißen, die eigene Unbeständigkeit, das Altern und die eigene Sterblichkeit nicht zu verleugnen. Wahrlich nicht einfach!

Die Tatsache des Alterns kam mir für Frauen manchmal sogar noch schwieriger vor als das Faktum der Sterblichkeit. Wie hieß es doch immer so schön in irgendwelchen Hochglanzprospekten oder Werbeanzeigen für Seniorenresidenzen: »In Würde altern«, und

dazu gab es Fotos von gepflegten älteren Damen mit weißem Haar, die wahlweise auf einem Liegestuhl an einem See lagen oder glücklich lächelnd einem älteren Herrn zuprosteten.

Das entsprach weder meiner Vorstellung von Würde noch meinen finanziellen Möglichkeiten. Außerdem schien ich mit sechzig von diesem Alter, also dem wirklichen Altsein, noch weit entfernt – oder zumindest noch nicht nah dran. Tatsache war aber auch, dass, statistisch gesehen, der Großteil meines Lebens hinter mir lag. Wie viel ich noch vor mir hatte, war ungewiss, und wie ich diese Zeit verbringen wollte, ebenso. Da war sie also schon wieder, meine große Frage, die mich ins Meditationszentrum gebracht hatte.

Sollte ich mir eine Bucketlist machen, wie man das heute gerne ausdrückte, eine Liste mit allem, was ich unbedingt noch tun wollte, bevor ich sprichwörtlich den Löffel abgab? Oder ging es vielleicht mehr darum, mit welcher Haltung ich dem ganz normalen Alltagsleben gegenübertrat? Wie sollte ich herausfinden, was mir wirklich wichtig war? Und ging es tatsächlich nur um mich? Ich musste an eine Freundin oder besser gesagt frühere Freundin von mir denken, die ich als unerträglich empfunden hatte, seit sie anscheinend nur noch auf ihre eigenen Bedürfnisse und Befindlichkeiten achtete. So wollte ich auf keinen Fall werden, das war mir klar. Aber wie die Balance finden zwischen eigenen Bedürfnissen und denen anderer Menschen? Hatte der

Buddha zu diesem Thema eigentlich auch etwas zu sagen? Ich würde die Nonne bei unserem nächsten Gespräch auf jeden Fall danach fragen.

≈

Am späten Nachmittag kam ich endlich dazu, das weitläufige Gelände des Zentrums zu erkunden. So spartanisch und gewöhnungsbedürftig die Unterkünfte auch ausgestattet waren, so wunderschön waren die üppigen tropischen Gartenanlagen und der weite Blick in das Bergland. Ein tiefes Gefühl von Dankbarkeit und Freude erfüllte mich, als ich diese Schönheit bewusst in mich aufnahm. Was auch immer in den nächsten Tagen noch passieren würde – ich fühlte, dass dieser Ort etwas in mir berührte, das mich durchlässiger machte und Anteile von mir ansprach, mit denen ich nicht sehr vertraut war. Dass damit auch meine Verletzlichkeit und verschiedene unangenehme Gefühle, die ich lieber nicht gespürt hätte, zutage traten, ließ sich wohl kaum vermeiden.

Eine der vielen Besonderheiten des Meditationszentrums bestand darin, dass wir den Sonnenuntergang zur Meditation über den stetigen Wandel nutzen durften. Schließlich gibt es kaum etwas, das das Gesetz des ewigen Wandels und der Vergänglichkeit so deutlich zeigt wie der Lauf der Sonne. Da das Zentrum nach Südwesten ausgerichtet war, konnten wir beobachten, wie die Sonne hinter den Bergen verschwand – ein unglaubliches Spektakel in Blau- und Gelb-Rot-Tönen. Wobei Spektakel eigentlich nicht das richtige Wort ist. Das Ganze ging ja in absoluter Ruhe vor sich. Nur das leise Summen und Zirpen von verschiedensten Insekten, ein paar Vogelstimmen oder das Geckern von herumkletternden Streifenhörnchen waren zu hören. Ansonsten schien die Natur stillzustehen, und auch die Teilnehmenden des Retreats standen oder saßen ganz ruhig irgendwo im Gelände.

Ich spürte einen starken inneren Impuls, dieses Naturschauspiel irgendwie anzuhalten, um diesen wunderbaren, magischen Moment zu bewahren. Kurz bedauerte ich, dass ich mein Handy nicht dabeihatte, um diesen Moment wenigstens fotografieren und mit anderen teilen zu können. Wie schade, dachte ich, dass das nicht erlaubt ist! Doch im gleichen Moment wurde mir klar, dass es genau darum ging, etwas nicht festzuhalten, auch wenn es noch so schön war.

Eine wohlbekannte ironische Stimme in mir flüsterte mir zu: »Jetzt werde aber nicht rührselig, nur weil du hier einen Sonnenuntergang erlebst, wie er auf einer Postkarte nicht kitschiger aussehen könnte.« Doch unbeeindruckt davon kamen mir schon wieder die Tränen: Ich fühlte mich glücklich und traurig, geborgen und verbunden mit der Natur; aber auch allein. Mir fehlte die körperliche Nähe mit Stefan, die Umarmungen von Freundinnen. Ich spürte aber auch, dass eine gewisse

Zeit des Alleinseins für den Prozess, den ich gerade durchlief, wenn nicht notwendig, dann zumindest sehr förderlich war.

Was passierte hier mit mir? Ich war sonst eigentlich nicht so nahe am Wasser gebaut und hatte mich meist gut unter Kontrolle. Was war das für eine Traurigkeit, die mich immer wieder überfiel? Devasana hatte mir die Aufgabe gegeben, all meine Gefühle und Gedanken mit einem gewissen Forschergeist zu beobachten. »Anfängergeist« nannte man das im Zen-Buddhismus.

»Im Grunde«, hatte sie gesagt, »geht es darum, alles, was passiert, neugierig wahrzunehmen, ohne es gleich zu bewerten und in irgendwelche Schubladen zu stecken. Also das, was wir ständig zu tun gewohnt sind, eben nicht zu tun. Deshalb ist es hilfreich, eine Zeit lang nicht in einer gewohnten Umgebung mit vertrauten Personen zu sein, wo Gewohnheitsmuster ablaufen, ohne dass jemand sie noch bemerkt.«

Noch während ich versonnen an meinem Sonnenuntergangsplatz saß, wurde mir plötzlich kalt. Im hohen Bergland Sri Lankas sinkt die Temperatur von über 30 Grad Celsius am Tag nach dem Sonnenuntergang sehr schnell auf etwa 16 Grad Celsius. Dieser Temperatursturz ließ mich 16 Grad Celsius nicht etwa als relativ lau empfinden, wie das zu Hause der Fall gewesen wäre, sondern als eiskalt – und damit war erst mal Schluss mit den Gedanken über die Wurzeln meiner Traurigkeit. Jetzt verlangte mein Körper, dass ich mich um ihn kümmerte. So rasch, dass es gerade noch als achtsames Gehen durchgehen konnte, lief ich zu meiner Kammer zurück, um mir einen Pullover und eine Jacke überzuziehen. Ich zitterte und fühlte mich wie nach einer anstrengenden Bergwanderung: Was waren das bloß für Wechselbäder auf allen Ebenen!

≈

Am Abend standen eine Stille Meditation und danach Chanten auf dem Programm. Das Sitzen war, wie könnte es auch nach so kurzer Zeit anders sein, nach wie vor eine große Herausforderung für mich, doch Devasana hatte mir einen Tipp gegeben, der es etwas erleichterte.

»Wenn irgendein Körperteil beginnt wehzutun, zu kribbeln oder einzuschlafen, zapple nicht gleich herum, sondern versuche, dieses Phänomen genau zu untersuchen und dich dabei zu entspannen«, hatte sie gesagt und dann ergänzt: »Verringert sich der Schmerz dann nicht, sondern nimmt weiter zu, triff eine klare Entscheidung, deine Haltung in aller Ruhe aufzulösen, und mache ein paar Runden Gehmeditation, bevor du dich wieder hinsetzt. Mit dem Herumzappeln machst du es nur schlimmer und störst außerdem die anderen bei ihrer Meditation.«

Sehr überzeugend fand ich diesen Ratschlag erst mal nicht. Doch als ich es ausprobierte, passierte etwas Erstaunliches: Allein dadurch, dass ich wusste, ich könnte aufstehen, wenn es wirklich unerträglich würde, war es bisher nur einmal notwendig geworden, dies auch zu tun. Ansonsten entspannte sich mein Körper tatsächlich durch das Hineinspüren, und die Schmerzen oder das unangenehme Gefühl lösten sich zumindest so weit auf, dass ich ruhig sitzen bleiben und mich wieder meinem Atem zuwenden konnte.

Vielleicht war das ja sogar etwas, was sich auf den Alltag übertragen ließ, ging es mir durch den Kopf: Nicht immer gleich reagieren und in Aktion treten, sondern erst mal genau hineinspüren und dann eine bewusste Entscheidung treffen, was zu tun ist. Das hörte sich zumindest einleuchtend an und hätte vermutlich so manchen Streit zwischen mir und Stefan, aber auch Konflikte bei der Arbeit zumindest entschärft. – Womit ich allerdings schon wieder beim Denken angelangt war …

Trotz aller weisen Gedanken und Aha-Erlebnisse ging es in meinem Kopf und meinem Herzen nach wie vor zu wie auf dem Rummelplatz: Manche Gedanken und Gefühle versetzten mich in Angst und Schrecken, andere stimmten mich kurzfristig euphorisch, um mich dann wieder in eine depressive Stimmung abrutschen zu lassen. Bestimmte Gedanken drängten sich immer wieder in den Vordergrund: Wer war ich denn schon ohne meinen Job? Was war ich wert? Was für einen Sinn hatte mein Leben? Und hatte ich nicht vieles versäumt, was nicht mehr nachzuholen war? Da war das große

Thema Familie und Kinder. Ich hatte keine Entscheidung getroffen gegen Kinder, sondern es war einfach so gekommen. Aber auch für andere Dinge, wie das Erlernen eines Instruments oder ein Studium im Ausland, schien es mir zu spät. Und nicht zuletzt hatte ich ein schlechtes Gewissen, weil ich mich um meine Eltern so wenig gekümmert hatte, als sie noch lebten. Da war dieses erschreckende Gefühl der Bodenlosigkeit, das ich so noch nie gespürt hatte.

Als der Gong erklang und die Stille Meditation beendet war, hätte ich mich am liebsten gleich in meinen Schlafsack verkrochen. Doch dann erinnerte ich mich an das Versprechen, das ich mir selbst nach dem ersten Gespräch mit der Nonne gegeben hatte: Wenigstens ein paar Tage wollte ich versuchen, alles mitzumachen.

Das Chanten bestand in einem mehr oder weniger melodischen Singsang oder auch Gebrumme auf Pali, der Sprache, in der Buddha gelehrt hatte. Ich bekam einen kopierten Zettel in die Hand, den ich bei der schlechten Beleuchtung kaum entziffern konnte, und sang mit, so gut es ging.

»Was für ein Blödsinn«, meldete sich mal wieder meine ironische Stimme zu Wort. »Und als Nächstes wirst du den Rosenkranz beten wie deine Oma.« Doch, was soll ich sagen, nach einer viertel Stunde, in der wir immer wieder denselben Singsang wiederholt hatten, war ich voll dabei. Ich spürte, wie die Töne in meinem Brustkorb vibrierten und eine Resonanz in mir erzeugten – völlig unabhängig von der Bedeutung der Texte. Diese Resonanz verband mich mit den anderen Menschen um mich herum und holte mich zumindest für die Zeit des Singens aus meiner gefühlten Einsamkeit heraus. Ganz egal, was es konkret bedeutete, was wir da sangen: Es entstand dabei so etwas wie ein großer Klangkörper, der mich, als ich mich danach in meinen Schlafsack kuschelte, noch immer sanft umhüllte. Dass die Trennung von Ich und Du, von Subjekt und Objekt, nach der buddhistischen Lehre eine Illusion ist – an diesem Abend war das für mich spürbar. Und das fühlte sich unglaublich gut an.

DU DARFST ALLES FÜHLEN

Als ich am vierten Tag morgens aufwachte, war von der friedlichen Stimmung, in der ich am Abend zuvor eingeschlafen war, nicht mehr viel übrig. Ich hatte schlecht geträumt, war immer wieder aufgewacht, weil Nancy so laut geschnarcht hatte, alle Knochen taten mir weh. Am liebsten hätte ich mich irgendwohin verkrochen.

In meinem Traum hatte ich mich in einem großen Haus verirrt und mein eigenes Zimmer nicht mehr gefunden. Auch meine Tasche und wichtige Unterlagen, die ich unbedingt gebraucht hätte, waren verschwunden. Irgendwann merkte ich, dass ich keine Schuhe trug. Barfuß landete ich in einem großen Raum, in dem ich eine Prüfung absolvieren sollte. Ich schämte mich entsetzlich, als ich feststellte, dass mir nicht nur die Schuhe fehlten, sondern ich nur mit einer Art Nachthemd bekleidet war. Der Prüfer schüttelte den Kopf und sagte zu seinem Beisitzer, ihm sei ja schon länger klar gewesen, dass ich zu nichts zu gebrauchen sei. Ich versuchte, mich zu verteidigen, ohne zu wissen, worum es eigentlich ging, doch meine Stimme versagte. Der Traum endete damit, dass ich das Prüfungszimmer verließ und weiter durch das große Haus irrte. Ich fühlte mich hilflos und hatte keine Ahnung, wohin ich gehen und wer mir helfen könnte.

Eigentlich gab ich nicht viel auf Träume, aber dieser war mir fast unheimlich, weil er meine Situation so bildhaft darzustellen schien. Ich hatte meine Orientierung verloren, fühlte mich wertlos und wusste nicht weiter.

Glücklicherweise blieb nicht viel Zeit, darüber nachzugrübeln. Schnell schlüpfte ich in meine Kleidung, lief in der Dunkelheit zum Waschraum und musste mich sputen, um pünktlich zur Morgenmeditation zu kommen. Das Kerzenlicht in der Meditationshalle schaffte eine wohltuend warme, milde Atmosphäre. In diesem Halbdunkel fühlte ich mich geborgen und empfand es als sehr angenehm, nicht so genau gesehen werden zu können.

Devasana leitete eine geführte Meditation an, in der es darum ging, die innere Beobachterin zu schulen. »Beurteile oder analysiere deine Gefühle nicht, sondern beobachte nur, wie sie kommen und gehen. Halte nicht an ihnen fest, bade nicht darin, sondern benenne sie lediglich. Sag nicht: ›Ich bin ärgerlich‹, sondern einfach: ›Da ist Ärger‹ oder ›Da ist Trauer‹, vielleicht ja auch ›Da ist Freude‹ oder ›Da ist Ungeduld‹«, erklärte sie.

Das kam mir zunächst seltsam vor. Es waren doch schließlich meine Gefühle. Aber dann merkte ich, wie dieser kleine Trick, wenn man die Technik des Benennens von Gefühlen so anwendet, es mir tatsächlich ermöglichte, einen gewissen Abstand zwischen mich und die Gefühle zu bringen. Das war ungewohnt, aber interessant.

»Spüre, was dieses Gefühl in deinem Körper macht, und kehre dann mit deiner Aufmerksamkeit wieder zurück zu deinem Atem«, fuhr sie fort. »Identifiziere dich nicht mit einem Gefühl, unterdrücke es aber auch nicht. Es gibt keine guten und keine schlechten Gefühle. Du darfst alles fühlen.«

»Alles fühlen? Und wenn ich aber gar nicht alles fühlen will?«, sprach eine innere Stimme zu mir. »Wozu sollte es denn gut sein, diese verdammte Traurigkeit zu spüren?« Es schnürte mir fast den Hals zu, aber es gelang mir, immer wieder zu meinem Atem zurückzukehren und mich zu beruhigen. In diesen Momenten fühlte ich so etwas wie Stille und Gelassenheit in mir, die mich hoffen ließen, dass meine Situation gar nicht so schrecklich und deprimierend war, wie es mir manchmal erschien.

≈

Am Nachmittag hatte ich wieder die Gelegenheit, mit Devasana zu sprechen. Ich wollte ihr von dem Traum erzählen, der mich noch immer nicht losließ. Vor allem aber musste ich mit ihr über das tief sitzende Gefühl, nicht gut genug zu sein, reden. In mehr oder weniger starker Ausprägung gab es dieses Gefühl schon, solange ich denken kann. Seit der Kündigung verfolgte es mich aber ständig.

»Es freut mich, dich wiederzusehen, Lisa«, begrüßte

sie mich auf ihre herzliche Art. »Wie geht es dir heute?«

»Ich fühle mich so wertlos ohne meine Arbeit«, brach es aus mir heraus. »Wer bin ich denn schon ohne meinen Job? Bis zu der Kündigung kurz vor meinem sechzigsten Geburtstag habe ich mir wenig Gedanken darüber gemacht, welche Bedeutung meine Arbeit für mich hatte. Die Arbeit und ich gehörten einfach zusammen. Ich machte sie fast immer gerne, verdiente gut, bekam Anerkennung und war sozusagen aufgeräumt. Lisa, die Designerin – das war ich. Ganz einfach. Und wenn ich jemand Neues kennenlernte, war es fast immer das, was ich zuerst erzählte. Und jetzt ist da ein großes Nichts, eine Lücke, die ich nicht füllen kann.«

Selbst entsetzt darüber, was ich da gerade gesagt hatte, liefen mir die Tränen herunter. Die Nonne nickte mir mitfühlend zu und ermunterte mich, weiterzusprechen.

»Und fast noch schlimmer: Da ist nicht nur dieses schwarze Loch, sondern ich sehe jetzt auch all die verpassten Chancen: Ich habe keine Kinder, weil mein Partner bereits Kinder mit seiner früheren Frau hatte und mich bremste. Außerdem waren mir selbst andere Dinge wahrscheinlich letztlich wichtiger. Nie schien der richtige Zeitpunkt gekommen zu sein, bis es zu spät war.

Für meine alten Eltern war ich weniger da, als ich es mir wünschen würde – jetzt, da sie tot sind. Eigentlich wollte ich auch mal eine Zeit lang im Ausland leben, aber dann fehlte mir doch der Mut zu diesem Schritt. Ich hätte gerne Tiere gehabt und habe immer Gründe gefunden, warum es gerade jetzt nicht möglich ist. Ich weiß gar nicht, wo ich anfangen soll, aber ich habe das Gefühl, so vieles versäumt oder falsch gemacht zu haben …«

Und wieder flossen meine Tränen in Strömen. Tränen der Trauer über das nicht mehr Nachholbare, aber auch Tränen der Wut über das, was ich als mein Versagen empfand.

Devasana sah mich warmherzig lächelnd an und ließ mich eine ganze Weile weinen, ehe sie zu sprechen begann. »Zuerst möchte ich dir sagen, wie sehr ich mich darüber freue, dass du Zugang zu deinem Herzen und deinen Gefühlen gefunden hast. Es mag in deinen Ohren zynisch klingen, aber du darfst das alles fühlen. Alle Gefühle sind in Ordnung. Heute Morgen habe ich das bei der geführten Meditation extra betont. Erinnerst du dich?«

Ich nickte und sagte: »Ja, ich habe das gehört, aber es tut so weh, dass ich wünschte, ich müsste das nicht fühlen – zumal ich keinen Ausweg sehe.«

Devasana lächelte. »Die meisten Menschen, die anfangen zu meditieren«, sagte sie, »glauben, die Meditation würde ihnen dabei helfen, unangenehme Gefühle zu vermeiden. Das aber ist ein großer Irrtum. Diese Gefühle tauchen auf. Was du aber tun kannst, ist, dich nicht vollständig mit ihnen zu identifizieren.

Einer meiner Lehrer pflegte zu sagen: ›Beobachte all deine Gedanken und Gefühle. Begrüße und benenne sie – die angenehmen genauso wie die unangenehmen. Lade sie aber nicht zum Tee ein, sondern nimm wahr, wie sie kommen und gehen, wenn du sie nicht festhältst.‹ Verstehst du, was ich meine?«

»Ja, aber ich will sie doch gar nicht festhalten. Viel lieber möchte ich davonrennen und sie nicht spüren«, erwiderte ich etwas genervt.

Devasana blickte mich mit wachen Augen an und lachte. »Davonrennen, fliehen oder so tun, als ob etwas nicht existieren würde, ist nur eine andere Art des Festhaltens. Anhaftung und Aversion – etwas unbedingt haben wollen oder etwas keinesfalls haben wollen – sind nur die beiden Seiten einer Medaille. Denn wenn du das tust, bist du entweder immer im anstrengenden Fluchtmodus oder blockierst dich durch Verleugnung. Beides schützt dich vermeintlich vor Schmerz und Verletzungen, verhindert aber gleichzeitig deine Lebendigkeit, dein inneres Wachstum und ein tiefes Gefühl der Freude. Ohne Verletzlichkeit keine Lebendigkeit. Es klingt banal, aber so ist nun mal das Leben.«

Ich schluckte trocken und sagte: »Du meinst also, da muss ich durch. Kein Licht ohne Schatten oder so etwas in der Art.«

»In gewisser Hinsicht ja«, erwiderte die Nonne, »aber da ist noch etwas Entscheidendes, das ich dir unbedingt mit auf den Weg geben möchte. Etwas, das deinem ›Da muss ich durch‹ eine andere Note verleiht. Bei dir hört sich das im Moment nämlich sehr hart und gnadenlos an. Genau das ist aber nicht gemeint. Solange du dich so streng be- und verurteilst, bleibt dir ja gar nichts anderes übrig, als immer wieder die Flucht zu ergreifen.«

Ich nickte und war schon wieder kurz davor, loszuheulen, als Devasana mich ansah und sagte: »Nimm deine Hände, und lege sie auf dein Herz. Spüre sanft in deinen Herzraum hinein, und lasse beim Einatmen eine schöne, zarte Blume erblühen. Wenn du ausatmest, darf sie sich wieder etwas schließen, beim Einatmen öffnet sie sich wieder. Mach das einige Male, und schütze diese Blüte. Sei für sie da, und genieße ihre Schönheit.«

Auf diese Weise atmete ich ein paar Minuten lang bewusst ein und aus, bevor Devasana weiterredete. »Der Schlüssel für dich ist Selbstmitgefühl, nicht zu verwechseln mit Selbstmitleid. Wenn wir uns selbst bemitleiden, machen wir uns zum Opfer und berauben uns letztlich selbst unserer Kraft. Wir beklagen unser Leid, machen andere Menschen, irgendwelche äußeren Umstände, das Schicksal, die Götter oder was auch immer dafür verantwortlich, dass wir uns schlecht fühlen. Wir tun oft so, als hätten wir selbst keinen Einfluss darauf. Doch das stimmt nicht, denn wie wir auf bestimmte Dinge oder Ereignisse reagieren, wie wir damit umgehen, hängt allein von uns selbst ab.«

»Aber dann stimmt es ja doch, wenn ich es mir selbst

ankreide, was ich alles versäumt oder falsch gemacht habe«, erwiderte ich. »Wo setzt denn das Selbstmitgefühl an?«

Die Nonne nickte und lächelte mir zu. »Du hast einen scharfen Verstand. Tatsächlich ist es für alle Menschen eine lebenslange Aufgabe, den Balanceakt zwischen Selbstmitgefühl und Selbstverantwortung zu meistern. Es ist aber kein Widerspruch. Denn Mitgefühl ist etwas, das jedem Menschen in jeder Situation zusteht – selbst wenn er nicht erkennt, dass er etwas falsch gemacht oder sogar andere verletzt hat. Aber darauf werde ich in den nächsten Tagen sicher immer wieder zu sprechen kommen. Das ist ein großes Thema.«

Devasana schien nachzudenken. Sie schwieg eine Weile, bevor sie fortfuhr: »Um Selbstmitgefühl zu entwickeln, hilft es dir vielleicht, Kontakt zu dem kleinen verletzlichen Mädchen in dir aufzunehmen. Jeder von uns hat dieses innere Kind in sich, das auf die eine oder andere Weise verletzt oder verängstigt worden ist. Im Laufe unseres Lebens entwickeln wir unterschiedliche Strategien, mit ihm umzugehen. Manche von uns vermeiden Situationen, die schwierig werden könnten, um diese Verletzungen auf keinen Fall noch einmal spüren zu müssen. Andere gehen eher in die Offensive und begegnen sich und damit auch ihrem inneren Kind mit Härte – nach dem Motto: Stell dich nicht so an. Es gibt unzählig viele Varianten dieser Strategien, die dazu führen, dass wir uns in unseren Möglichkeiten einschränken, in Kontakt mit unserem Herzen und den Herzen anderer Menschen zu treten.«

Ich atmete tief durch und sah vor meinem inneren Auge verschiedene Entscheidungssituationen in meinem Leben, die genau so zustande gekommen waren. Insbesondere in meinen Liebesbeziehungen hatte ich Verletzungen vermeiden wollen und mein Herz deshalb nur selten ganz öffnen können.

Devasana fuhr fort: »Nimm Kontakt auf mit dem kleinen Mädchen in dir. Frag es, was es braucht, um sich sicher zu fühlen. Sag ihm, dass du es lieb hast und immer für es da sein wirst. Wer, wenn nicht du selbst, soll diesem inneren Kind seine Liebe und sein Mitgefühl schenken. Das hat überhaupt nichts mit Selbstbezogenheit oder Egoismus zu tun, wie manche argwöhnen.

Buddha lehrte:

›Urteile nicht hart über dich selbst. Ohne Erbarmen mit uns selbst sind wir außerstande, die Welt zu lieben.‹

Leuchtet dir das ein? Kannst du erkennen, wie hart du mit dir selbst umgehst? Und vielleicht auch, wie sich das auf deine Kontakte zu anderen Menschen auswirkt?«

Devasana sah mich liebevoll an, und ich hätte mich am liebsten in ihre Arme geworfen. Mir war schon bewusst gewesen, dass ich manchmal alles andere als liebevoll mit mir umging. Das Ausmaß dieser Härte wurde für mich aber erst jetzt spürbar. Die Leistungsbezogenheit, die ich in meiner Familie als das Maß aller Dinge kennengelernt hatte, saß tief in mir. Wie sollte ich das loswerden? Wie funktionierte das: ein liebevolleres Verhältnis zu mir selbst aufzubauen?

Als ob sie meine Gedanken gelesen hätte, fuhr die Nonne fort: »Es wird dir nicht von einem Tag auf den anderen gelingen, liebevoll mit dir selbst umzugehen und dir wohlwollend zu begegnen. Aber das macht nichts, solange du deine Strenge oder Härte wahrnimmst und dir auch diese verzeihst. Denn genau darum geht es: dass du lernst, dir all die Fehler zu verzeihen, die du in der Vergangenheit gemacht hast und immer wieder machen wirst. Halte nicht fest an diesen Wunden, indem du dich schuldig fühlst und fortwährend bereust, sie gemacht zu haben. Lerne, dich so zu akzeptieren, wie du bist – ohne irgendwelche Vorstellungen davon, wie du sein solltest.«

Ich atmete laut aus und sagte: »Puh, wirklich nicht einfach. Ich kann sie geradezu fühlen, diese strenge Kritikerin in mir, der nichts gut genug ist und die immer etwas findet, woran es etwas auszusetzen gibt. Wie soll ich bloß mit der umgehen?«

Devasana kicherte und zitierte einen ihrer alten Zen-Lehrer, der gesagt haben soll: *»›Du bist vollkommen, wie du bist, aber natürlich ist da immer noch etwas zu verbessern.‹* Diese Kritikerin wird dich vermutlich dein ganzes Leben lang begleiten. Nutze ihre Verbesserungsvorschläge, wenn sie etwas taugen, und weise sie in ihre Schranken, wenn sie dir einreden will, dass du nicht okay bist.«

Jetzt musste auch ich lachen. Für Paradoxien hatte ich schon immer ein Faible, weil sie unseren Intellekt herausfordern, aber auch unseren Humor hervorlocken.

»Ich würde dir gerne noch etwas vorschlagen, womit du deine innere Kritikerin besänftigen, vor allem aber das verängstigte kleine Mädchen in dir ein wenig beruhigen und ihm zeigen kannst, dass du es lieb hast. Jedes Mal, wenn du merkst, dass deine Kritikerin dich wieder niedergemacht hat oder es machen möchte, streichelst du selbst ganz sanft deine Wangen. Mache diese Bewegung langsam, und genieße die Berührung, auch wenn es dir komisch oder albern vorkommen mag. Ganz egal. Mach es einfach, und stelle dir vor, wie du das kleine Mädchen in dir tröstest. Als Erwachsene können wir uns selbst eine gute Mutter oder ein guter Vater sein und unser inneres Kind heilen. Auch das ist Selbstverantwortung in Kombination mit Selbstmitgefühl und Selbstliebe.«

Ich bedankte mich bei Devasana und verließ ihr Zimmer mit einem Lächeln auf den Lippen. Und als ich draußen war, kicherte ich leise in mich hinein. Wahrscheinlich würden die anderen denken, ich hätte Zahnschmerzen, so oft, wie ich mir die Wangen würde streicheln müssen. Und wennschon. Auch ein Vorteil dieses Zentrums: Es war mir mittlerweile ziemlich egal, was andere über mich denken könnten. Nicht ganz egal, das sicher nicht. Aber es war ein Anfang!

≈

In dieser Stimmung beschloss ich, heute während der Teatime die Gelegenheit zu ergreifen, anderen Menschen mitzuteilen, was mich beschäftigte. Ich sah mich um und entschied mich für zwei Frauen und einen Mann, die zusammen auf einer Bank saßen und bisher, ohne zu sprechen, ihren Tee tranken und Kekse knabberten.

»Ich würde euch gerne erzählen, wie es mir gerade geht«, sagte ich schüchtern und bekam Herzklopfen, als ob ich wieder das kleine Mädchen wäre, das sich in der Grundschule gefürchtet hatte, vor der ganzen Klasse zu sprechen.

Die drei nickten mir aufmunternd zu. Also überwand ich meine Hemmungen und sagte: »Mir ist heute bei meinem Gespräch mit Devasana klar geworden, wie streng und gnadenlos ich mich ständig beurteile. In meinem Job als Designerin, den ich fast zwanzig Jahre lang in einer Agentur ausgeübt habe, hatte ich glücklicherweise einen Bereich gefunden, in dem ich mich ziemlich sicher fühlte und im Wesentlichen mit mir zufrieden war. Seit mir gekündigt wurde und ich damit eine der wichtigsten Quellen für mein Selbstwertgefühl verloren habe, fühle ich mich verloren und orientierungslos. Meine innere Kritikerin will mir ununterbrochen einreden, ich sei nichts wert und hätte auch in der Vergangenheit so vieles falsch gemacht und versäumt, dass das gar nicht mehr einzuholen sei. Manchmal habe ich das Gefühl, ich bin in ein schwarzes Loch gefallen und weiß keinen Ausweg.«

Beim Sprechen hatte ich die meiste Zeit auf den Boden gesehen, doch jetzt schaute ich in die Gesichter der drei und sah an ihrem Ausdruck, wie sie mit mir mitfühlten.

»Ich mag mich selbst nicht, wenn ich so bin«, fuhr ich fort, »aber seltsamerweise tut es mir gut, euch das mitzuteilen. Vielen Dank, dass ihr mir zugehört habt.«

Der Mann, ein älterer Kanadier namens Paul, lächelte und sagte: »Vielen Dank, dass du uns daran teilhaben lässt, was dich umtreibt. Mir geht es ähnlich, seit meine Frau sich von mir getrennt hat und zu einem anderen Mann gezogen ist. Wir waren so lange zusammen, und ich war mir ihrer so sicher. Als sie mir mitteilte, sie würde gehen, konnte ich es gar nicht glauben. Am schwersten zu verkraften war für mich, dass sie mir nicht erklären wollte, warum sie mich verlässt. Am Anfang war ich wütend auf sie, doch dann stellte ich mich selbst infrage, meinen Wert als Mann, als Partner, als liebenswerter Mensch. Ich hatte und habe auch jetzt noch oft das Gefühl, so vieles falsch gemacht zu haben, ohne es genau benennen zu können.«

Paul schluckte, schwieg eine Weile und fuhr dann fort: »Hier ist mir klar geworden, dass mich diese

Selbstanklagen nicht weiterbringen und dass ich mich selbst akzeptieren und lieben muss, so wie ich nun mal bin. Manchmal kann ich das auch schon ein bisschen mehr, aber ich habe das Gefühl, dass noch ein weiter Weg vor mir liegt, bis ich mich wirklich leiden kann. Und das in meinem Alter!«

Jetzt grinste er wie ein kleiner Junge – ein bisschen traurig, aber auch schelmisch – und steckte uns drei Frauen, die wir zugehört hatten, an. Alle vier lächelten wir uns mitfühlend, aber auch mit einer Portion Humor an, ohne in Selbstmitleid zu versinken. Das war schon ein verrückter Ort, an den es uns hier verschlagen hatte. In diesem Moment war ich sehr froh, hier zu sein.

≈

In ihrem abendlichen Vortrag erzählte die Nonne eine Geschichte zum Thema Perfektionismus, die sicher nicht nur bei mir, sondern bei den meisten Anwesenden auf Resonanz traf, wie ich dem lächelnden Nicken entnahm, das sich bei den Menschen um mich herum ausbreitete.

> »In vielen buddhistischen Klöstern ist es üblich, dass die Mönche auch verschiedenste praktische Dinge zu erledigen haben, seien es nun alltägliche Arbeiten wie Putzen, Waschen, Küchendienst oder Gartenpflege. Manchmal stehen aber auch größere

Aufgaben an, und so kam es, dass ein junger Mönch dafür ausgewählt worden war, aus tausend Steinen eine Mauer rund um den Klostergarten zu errichten.

Der junge Mönch gab sein Bestes, jeden Ziegelstein so perfekt und ebenmäßig einzupassen wie nur irgend möglich. Doch als er fertig war und sein Werk betrachtete, fielen ihm sofort zwei Steine auf, die etwas verschoben waren. Da war er so unglücklich, dass er den Abt des Klosters darum bat, die Mauer einreißen und von Neuem erbauen zu dürfen. Doch der Abt lehnte das entschieden ab und sagte: ›Die Mauer bleibt, wie sie ist.‹

Einige Wochen später kam jemand aus einem anderen Kloster zu Besuch und lobte die schöne Mauer. Ungläubig platzte der junge Mönch heraus: ›Aber bist du denn blind und siehst die beiden schiefen Steine gar nicht?‹

Da erwiderte der Besucher: ›Doch, ich sehe sie wohl, aber ich sehe auch die 998 gut eingesetzten Steine.‹

In diesem Moment wurde dem Mönch klar, dass er sich bisher immer auf seine Schwächen konzentriert hatte, anstatt sich wertzuschätzen für das, was er gut konnte. Daraufhin gelang es ihm, seine Haltung sich selbst gegenüber langsam, aber sicher zu verändern.«

DU BIST GUT GENUG

In der Nacht hatte ich wieder intensiv geträumt. Die Geschichte über den perfektionistischen Mönch, der seine ganze Mauer wegen zweier schiefer Steine hatte einreißen lassen wollen, schien mein Unterbewusstsein schwer beschäftigt zu haben.

Im Traum musste ich eine Präsentation halten, wie ich das in den letzten Jahren oft getan hatte. Ich war gerade dabei, dem Kunden verschiedene Varianten für das neue Design seiner Logos zu erläutern, als ich plötzlich merkte, dass eine wichtige Seite in meiner Präsentation fehlte und – noch schlimmer – dass eine andere hineingerutscht zu sein schien, die da absolut nicht hingehörte.

Diese Seite war aus meinem Tagebuch, und ich hatte auf ihr die Fragen, die mich seit der Kündigung umtrieben, notiert. Völlig konsterniert starrte ich auf die Seite, bis ich die Stimme des Kunden vernahm. »Ich wusste schon immer, dass irgendetwas mit Ihnen nicht stimmt«, sagte er in einem schneidenden Ton. »Vergessen Sie den Auftrag. Das war's dann.«

Mein Herz klopfte, ich lief rot an, zitterte und versuchte, mich zu verteidigen, indem ich sagte, dass ich mir nicht erklären könne, wie diese Seite in meine Präsentation hineingekommen sei. Da müsse sich jemand einen schlechten Scherz erlaubt haben. »Das hat nichts mit mir zu tun«, rief ich verzweifelt.

Hilfe suchend sah ich meinen Chef an, der sich jedoch abwandte und dem Kunden zustimmte, dass mit mir wohl wirklich etwas nicht in Ordnung sei. Zu mir gewandt, sagte er dann: »Lisa, ich habe schon lange geahnt, dass du uns allen etwas vormachst.«

≈

Schweißgebadet wachte ich auf und fühlte mich wie durch einen Fleischwolf gedreht. Was für ein schrecklicher Albtraum! Ich war froh, als der Gong ertönte, und spritzte mir möglichst viel kaltes Wasser ins Gesicht, um ihn hinter mir zu lassen und in der morgendlichen Realität zu landen.

Hoffentlich gelingt es mir heute, mich ganz auf meinen Atem zu konzentrieren, dachte ich mir und schickte ein Stoßgebet zum Himmel, ohne so recht daran zu glauben. Natürlich klappte es immer nur für ein paar Sekunden, und dann ging wieder mein Kopfkino los. »Es ist genauso wie im Traum«, sagte meine innere Kritikerin. »Wenn die anderen sehen, wer du wirklich bist, wollen sie nichts mehr mit dir zu tun haben.«

Es war sinnlos, meine Gedanken vertreiben zu wollen. Also ließ ich sie einfach kommen, versuchte aber, ein kleines bisschen Distanz zu ihnen einzunehmen, wie Devasana es mich gelehrt hatte.

Stefan behauptete immer, ich sei ehrgeizig, doch ich selbst empfand das nicht so. Perfektionistisch war ich, ja, das gab ich jederzeit zu, aber es war nie mein Ziel gewesen, die erste Geige zu spielen oder in der ersten Reihe zu stehen. Zu viel Aufmerksamkeit auf meine Person empfand ich eher als anstrengend. Mein Lebensmotto war bisher eher gewesen, in der zweiten Reihe zu brillieren und so zu tun, als ob ich mich dafür überhaupt nicht besonders bemühen müsste. Lässig sollte das nach außen wirken, doch innerlich kostete es mich sehr viel Kraft. Denn wenn entweder das Lässige oder die Sache selbst nicht gut gelangen, fiel das Urteil, das ich über mich fällte, gnadenlos aus. Es lag mir absolut fern, mir etwas nachzusehen, etwas zu verzeihen. Und wenn ich ehrlich war, galt das oftmals auch für die Nachlässigkeiten anderer Menschen.

Es war ein seltsames Versteckspiel, das ich mir auferlegt hatte. Als Jugendliche galt ich in meiner Familie als die Aufmüpfige, die gegen die Regeln rebellierte und das bürgerliche Leben meiner Eltern verachtete. Innerhalb meiner Peergroup jedoch versuchte ich, mich so gut wie möglich an das anzupassen, was dort gefragt war – egal, ob es mir lag oder ich mich wirklich wohlfühlte damit. Keinesfalls wollte ich mir in die Karten schauen lassen, weil ich immer befürchtete, sonst abgelehnt zu werden.

Auch wenn sich später die Rollen, in die ich schlüpfte, immer wieder etwas veränderten, blieb doch eines konstant: dieses Gefühl, nicht gut genug zu sein. Ich war zutiefst davon überzeugt, so, wie ich war, nicht liebenswert zu sein. Und deshalb meinte ich, etwas vorgeben zu müssen, das denjenigen, die mir wichtig waren, gefiel und anderen zumindest Respekt abnötigte.

Natürlich war mir dieses Spiel nicht immer bewusst, denn schließlich versuchte ich ja auch, mich selbst auszutricksen, um meine Verletzlichkeit, meine Zweifel und Ängste nicht spüren zu müssen. Aber es hatte immer wieder Phasen gegeben, in denen ich merkte, wie viel Energie es mich kostete, meine Außenwirkung kontrollieren zu wollen.

Während mein Geist zwischen der Beobachtung meines Atems und meiner Gedanken hin und her switchte, meldete sich die sanfte Stimme meiner ehemaligen Psychotherapeutin zu Wort. »Du darfst aufhören mit diesem Versteckspiel. Sicher hatte es irgendwann eine wichtige Funktion, um dich zu schützen, aber jetzt brauchst du es nicht mehr.« Als sie das vor einigen Jahren zu mir gesagt hatte, wollte oder konnte ich es noch nicht verstehen. Aber jetzt schien mir der richtige Zeitpunkt gekommen, um das Versteckspiel zu beenden.

≈

Als der Gong erklang, hatte ich das Gefühl, mir selbst ein Stückchen nähergekommen zu sein. Ich konnte noch nicht einmal sagen, ob ich mich jetzt gut oder schlecht fühlte. Was ich spürte, bewegte sich jenseits dieser Kategorien, aber was es auch war, ich empfand es als echt, als unverstellt.

Nachdem ich während des Sonnenaufgangs ganz in Ruhe mein Frühstück zu mir genommen hatte, ging ich zum Bibliotheksgebäude. Vielleicht hing an der Pinnwand ja ein Buddha-Zitat, das zu meiner Stimmung passte. Und tatsächlich, so war es.

»Du selbst, genauso wie jeder andere im Universum, verdienst deine Liebe und Zuneigung.«

So etwas Ähnliches hatte Devasana gestern auch schon zu mir gesagt. Ich solle mich selbst lieben, Mitgefühl mit mir empfinden und mir meine Fehler, meine Versäumnisse oder was auch immer ich mir vorzuwerfen pflegte, verzeihen. Und sie hatte mir diese Aufgabe gegeben, jedes Mal meine Wangen zu streicheln, wenn ich mich mal wieder verurteilt oder abgewertet hatte. Ich war mir zwar etwas komisch dabei vorgekommen, doch es war wirklich interessant, wie oft ich mich streicheln musste. Dass ich so oft unfreundlich, streng und bewertend mit mir umging, war mir tatsächlich nicht klar gewesen.

Ich schlenderte in Gedanken versunken durch den Garten, als ich plötzlich ein Schluchzen hörte. Auf einer Bank hinter einer Palme saß ein junger Mann, der herzerweichend laut weinte. Es war mir unangenehm, unbeabsichtigt in seine Intimsphäre eingedrungen zu sein, doch er registrierte mich entweder gar nicht, oder es war ihm gleichgültig, dass ich ihn gehört und gesehen hatte. Als ich dann allerdings über einen Ast stolperte, den die Affen heruntergeworfen hatten, blickte er doch auf.

»Sorry«, flüsterte ich, doch er brachte seine Hände in eine Namaste-Grußhaltung vor seiner Brust und lächelte freundlich mit tränenverhangenen Augen. Was genau in dieser Situation mit mir passierte, kann ich nicht beschreiben, aber es war, als ob mein eingeschnürtes Herz plötzlich befreit würde. Ich sah den Schmerz dieses jungen Mannes, eines großen muskulösen Kerls mit Tattoos auf den Oberarmen, dem ich unter anderen Umständen wahrscheinlich aus dem Weg gegangen wäre, und war erfüllt von einem Mitgefühl, das nicht nur ihm galt, sondern weit über ihn hinausreichte – und auch bis zu mir selbst.

Ich erwiderte seinen Gruß, indem ich ebenfalls eine Blüte vor dem Herzen formte, und ging weiter. Auch mir liefen jetzt die Tränen herunter. Ich fühlte mich dabei aber nicht schwach und hilflos, sondern seltsamerweise gestärkt. Es fehlten mir die Worte für diesen unbekannten Zustand, in dem ich mich gerade befand, aber das war in Ordnung. Es war einfach, wie es war.

Ich wandte mich dem traurigen kleinen Mädchen in mir zu und versprach ihm, mich mehr um es zu kümmern. Ich konnte seine Einsamkeit und Schüchternheit spüren und entschuldigte mich bei ihm, dass ich bislang meist nicht viel mehr als ein »Stell dich nicht so an« für es übriggehabt hatte, und nahm es in Gedanken mitfühlend in den Arm. »Es ist gut so, wie es ist«, sagte ich zu ihm. »Du bist gut und liebenswert, genau so, wie du bist.«

Dann erinnerte ich mich plötzlich an ein Foto, auf dem ich vielleicht drei Jahre alt gewesen war. Da saß ich mit meinem Kätzchen auf dem Schoß auf einer Blumenwiese und lachte über das ganze Gesicht. Auch wenn in meiner Kindheit wie bei jedem Menschen einiges schiefgelaufen war, hatte es schließlich auch diese glücklichen, unbeschwerten Momente gegeben, die mich damals genährt hatten und die mir vielleicht ja auch jetzt Kraft geben und einen Weg aufzeigen konnten.

≈

Unser Mittagessen bestand täglich aus einem vegetarischen Curry mit Reis, das sich nur dadurch unterschied, dass mal von der einen und mal von der anderen Gemüsesorte mehr darin enthalten war. Dazu gab es Dal, scharf gewürzte rote Linsen, und meist Chapati, einen frisch gebackenen Brotfladen. Zu Hause wäre mir das allzu eintönig erschienen, doch hier konnte ich es jeden Tag aufs Neue genießen. Wie beim Frühstück suchte sich jeder ein schattiges Plätzchen im Garten und aß ganz in Ruhe. Schon nach den paar Tagen, an denen ich auf diese Weise gegessen hatte, verstand ich gar nicht mehr, warum ich zu Hause oft nebenbei gelesen, Radio gehört oder gar einen Film angeschaut hatte.

Nicht dass hier alles im Schneckentempo vor sich gegangen wäre. Wir hatten einen Tagesplan, der wenig Zeit zum Herumhängen ließ. Aber es fand eben immer nur eine Sache zu einer Zeit statt. Und wenn Essenszeit war, dann nahm ich so intensiv wie nie zuvor wahr, welche Geschmacksrichtungen und Aromen sich in meinem Mund entfalteten, wie die Schärfe der asiatischen Küche meine Schleimhäute erhitzte und durchblutete und welche Konsistenz die verschiedenen Gemüsesorten hatten. Es mag übertrieben klingen, aber die Mahlzeiten wurden auf diese Weise zu einem Erlebnis – und zwar nicht, weil Sterneköche etwas besonders Ausgefallenes gezaubert und auf edlen Tellern serviert hätten, sondern nur deshalb, weil ich einer einfachen Mahlzeit aus guten Zutaten meine ganze Aufmerksamkeit und Wertschätzung schenkte.

Ich erinnerte mich an eine Geschichte aus dem Zen-Buddhismus, die mein früherer Aikido-Lehrer gerne erzählt hatte und die ich erst jetzt wirklich zu verstehen glaubte. In dieser Geschichte geht es um einen Zen-Meister, der von seinen Schülern gefragt wird, was das Geheimnis seines Glücks sei. Er antwortet ihnen, dass er während des Gehens nur gehe, während des Sitzens nur sitze und während des Essens nur esse. Die Schüler sind zunächst unzufrieden mit dieser Antwort, weil sie glauben, genau das auch zu tun, aber trotzdem weit entfernt sind von der Ausgeglichenheit des Meisters. Da widerspricht ihnen der Meister und macht ihnen klar, dass sie während des Gehens schon daran denken, was sie als Nächstes zu erledigen hätten, während des Sitzens an Vergangenes dächten und so weiter – dass sie jedenfalls nie wirklich bei dem seien, was sie gerade täten.

Früher hatte ich mir eingebildet, ich sei zwar bei der Arbeit gezwungenermaßen oft in Multitasking-Situationen, in meiner Freizeit aber doch meist konzentriert auf das, was ich gerade tat. Mittlerweile war mir klar, dass ich da einer ziemlich großen Fehleinschätzung aufgesessen war. Auch wenn ich nicht ständig mit meinem Handy herumspielte oder jede neu eingehende Nachricht sofort checkte, wie ich das bei immer mehr Menschen aus meinem Bekannten- und Freundeskreis beobachtete, war ich genau genommen sehr selten ganz und gar bei der Sache, also wirklich präsent im gegenwärtigen Moment.

Hauptsächlich lag das daran, dass ich ständig das Gefühl hatte, unbedingt noch dies oder jenes erledigen zu müssen. Was mir früher bei meiner Mutter so auf die Nerven gegangen war – nämlich dass sie nichts wirklich genießen und auskosten konnte, sondern selbst Dinge oder Situationen, die sie sich gewünscht hatte, abzuhaken schien, um zum nächsten Punkt überzugehen –, erkannte ich jetzt auch bei mir selbst.

Klar, es gab Dinge, die getan sein wollten, doch was war denn schon wirklich so wichtig, dass es dieses innere Getriebensein rechtfertigte, das ich so oft in mir spürte? Devasana hatte in einem Vortrag einmal von der sogenannten Wenn-dann-Falle gesprochen. Wenn wir in dieser Falle gefangen sind, glauben wir, dass Glück, Zufriedenheit oder innerer Frieden erst dann möglich seien, wenn dies noch getan oder eingetroffen sei. Erst wenn du dies oder jenes erledigt hast, darfst du in Ruhe eine Tasse Tee auf dem Balkon genießen. Wenn du aber auf den Balkon trittst, stellst du fest, dass erst die Pflanzen gegossen oder gezupft werden müssen – und wenn du dir dann endlich genehmigst, den Tee zu trinken, ist er kalt. Völlig verrückt eigentlich, und doch bemerken wir meist gar nicht, dass wir in einer Falle gelandet sind, weil die anderen um uns herum sich ebenso abstrampeln wie Hamster im Hamsterrad.

Als ich meinen Teller zurückbrachte, lächelte der sri-lankische Koch mich freundlich an. Auf dieses entspannte, wohlwollende Lächeln freute ich mich jeden Tag. Manchmal fragte ich mich, was er wohl von uns merkwürdigen Westlern hielt, die sich an diesen Ort zurückgezogen hatten. Aber hauptsächlich war ich ihm dankbar dafür, dass er seine Arbeit offenbar mit Freude verrichtete und nie griesgrämig oder gar gestresst wirkte. Irgendwie beneidete ich ihn sogar ein bisschen um seine Gelassenheit und darum, dass er so zufrieden wirkte. Sollte ich mir vielleicht auch so eine einfache Art von Arbeit suchen?

≈

An diesem Tag bestand meine Arbeitsmeditation im Fegen der Wege zwischen den Unterkünften und der Meditationshalle. Ich liebte diese Arbeit. An einem meiner ersten Tage im Zentrum hatte ich eine der Mitarbeiterinnen des Zentrums dabei beobachtet, mit welcher Leichtigkeit und Sorgfalt sie diese Aufgabe erfüllte. Das Fegen kam mir bei ihr vor wie eine vollkommene Bewegung, fast wie ein Tanz.

Außerdem gefiel es mir, dass jeglicher Perfektionismus beim Fegen zum Scheitern verurteilt war: Man gab sein Bestes, doch noch bevor man am Ende angelangt war, lagen schon wieder ein paar Blätter auf den Wegen, die Affen oder die Streifenhörnchen hatten etwas vom Dach oder von den Bäumen heruntergeworfen, was auch immer. Es war wie das Leben – nie perfekt, aber doch vollkommen …

Wäre da nicht diese verdammte Frage, wie es denn bloß nach dem Retreat mit meinem Leben weitergehen sollte, so wäre ich ganz und gar glücklich gewesen mit dem Fegen und dem einfachen, klar strukturierten Leben, das ich hier führte. Na ja, vielleicht stimmte das auch nicht so ganz, denn dauerhaft in einer Art Kloster zu leben, wäre dann doch nicht mein Ding gewesen. Aber mir wurde immer ganz schwindlig, wenn ich daran dachte, dass ich mir fest vorgenommen hatte, eine Antwort auf diese Frage zu finden. Alle würden das von mir erwarten, davon war ich überzeugt. Und nicht zuletzt war es ein Teil von mir, der nach wie vor gewaltig Druck ausübte.

WIR SIND ALLE NICHT PERFEKT

Ich hatte wirklich versucht, meine Abneigung gegen meine Zimmergenossin abzulegen, aber allein schon ihre Anwesenheit, die Art, wie sie atmete und die Nase hochzog, wie sie sich auf ihre Pritsche plumpsen ließ, der Geruch ihres Deos, ihr Schnarchen in der Nacht – Nancy blieb gelinde gesagt eine Herausforderung für mich. Ich haderte mit mir selbst, weil ich es nicht schaffte, darüber hinwegzusehen, aber ich tat mir auch leid. Doch noch mehr haderte ich ehrlich gesagt mit ihr. Warum konnte sie nicht dezenter, nicht leiser sein? Warum musste ausgerechnet ich mir mit dieser übergewichtigen Amerikanerin, die so vieles zu verkörpern schien, was mir extrem gegen den Strich ging, die Kammer teilen?

Nachdem Nancy bereits fünf Tage da war, wurde das nicht etwa besser. Ständig kreisten meine Gedanken darum, wie ich sie loswerden könnte. Es nahm schon Formen an, für die ich mich schämte. Außerdem war mir durchaus bewusst, dass ich damit meine eigenen Themen umging. Doch es half alles nichts. Es schien mir völlig unmöglich, meinen Frieden mit Nancy zu finden.

Fatalerweise weitete sich diese Aversion im Laufe des Tages noch auf andere aus. Es fing bei der Morgenmeditation an, als die Frau, die neben mir saß, einen Hustenanfall bekam und ich innerlich schon fast an dem Punkt war, sie wegzuschubsen, als sie endlich aufstand und nach draußen ging, um abzuhusten.

Nicht einmal meine geliebte Yogastunde konnte ich genießen, denn an diesem Morgen hatte sich eine Teilnehmerin so nah neben mir platziert, dass wir beim Üben immer wieder leicht aneinanderstießen. Da ich mir einen Platz in der Nähe der Wand ausgesucht hatte, konnte ich auch nicht ausweichen. Merkte diese Frau denn gar nicht, dass sie mich einengte, oder war es ihr einfach egal? Auch meine bösen Blicke schienen sie nicht zu erreichen.

Und dann ging es immer so weiter: Beim Anstehen für den Frühstücksbrei sah ich, wie sich der junge Mann vor mir die letzten Ananasstücke nahm, und schließlich war auch noch der Platz besetzt, den ich in den letzten Tagen als »meinen« Frühstücksplatz definiert hatte.

Ein Teil von mir erkannte durchaus, wie lächerlich und unangemessen es war, mich über all das so kolossal aufzuregen. Ein anderer aber war davon absolut nicht abzubringen. »Ich will doch schließlich nur meine Ruhe haben«, rechtfertigte er sich. »Ist es denn zu viel verlangt, dass andere Menschen ein bisschen Rücksicht auf mich nehmen und mir meinen Raum lassen?«

Missmutig saß ich auf einer kleinen Mauer und löffelte meinen Frühstücksbrei in mich hinein, als plötzlich direkt neben mir ein Affe auftauchte und blitzschnell nach meinem in der Morgensonne glitzernden Kugelschreiber griff, der auf meinem Tagebuch lag. Kaum dass ich es realisiert hatte, war der freche Kerl auch schon wieder auf dem nächsten Baum und untersuchte neugierig und offensichtlich begeistert von seinem Fund den Stift. Was war das bloß für ein Tag, schoss es mir durch den Kopf, bevor ich anfangen musste zu lachen. Wollten die Götter, an die ich nicht glaubte, meinen Gleichmut testen oder mich in den Wahnsinn treiben? Oder war das Leben halt manchmal so, dass man wahlweise daran verzweifeln oder auch darüber schmunzeln konnte? Ich erinnerte mich daran, dass Devasana in unserem ersten Gespräch zu mir gesagt hatte, ich solle meine Gedanken und Gefühle nicht gar so ernst nehmen. Heute war anscheinend so ein Tag, der sich bestens dazu eignete, das auszuprobieren.

Während ich nachdachte, beobachtete ich den kleinen Affen, der eine im wahrsten Sinne des Wortes diebische Freude an meinem Kugelschreiber hatte. »Ich danke dir, du frecher kleiner Kerl! Du hast mir geholfen, dem Tag eine positive Wendung zu geben«, ging es mir durch den Kopf. Ich spürte, wie sich durch das Lachen eine Verkrampfung in meinem Körper gelöst hatte und ich endlich wieder wahrnehmen konnte, wie wunderschön der Platz war, an dem ich gerade saß. Was für ein Geschenk, dass ich hier sein durfte: in dieser unglaublichen, üppigen Natur; zusammen mit Menschen, die wie ich selbst auf der Suche nach ihrem Weg waren; unterstützt von den liebevollen, klaren Worten einer weisen Lehrerin. Ich würde mir das hier nicht selbst vermiesen durch meine inneren Widerstände gegen Nancy, wen oder was auch immer.

≈

Am Nachmittag setzte ich mich nach der Arbeitsmeditation, bei der ich abgespült hatte, wieder in den Garten. Bewusst steuerte ich eine Bank an, auf der ich bisher noch nie gesessen hatte, denn ich erinnerte mich daran, dass Devasana uns ermutigt hatte, Routinen zu durchbrechen und andere Perspektiven einzunehmen. Ich dachte darüber nach, wie oft ich davon überzeugt war, etwas müsse genau so sein und nicht anders, nur weil ich es so gewohnt war. Und wie leicht ich zu irritieren und aus der Bahn zu werfen war, wenn die Dinge sich anders entwickelten, als ich es geplant hatte, oder wenn Menschen sich anders verhielten, als ich es für richtig hielt. Genau das hatte ich am Vormittag ja erlebt.

Ich musste an das Gelassenheitsgebet denken, das ich vor vielen Jahren kennengelernt hatte:

»Gott gebe mir die Gelassenheit, die Dinge hinzunehmen, die ich nicht ändern kann, den Mut, die Dinge zu ändern, die ich ändern kann, und Weisheit, den Unterschied zwischen beidem zu erkennen.«

Ich erinnerte mich nicht mehr so genau, wie es weiterging, aber sinngemäß hieß es in diesem Gebet, man solle einen Tag nach dem anderen leben, einen Moment nach dem anderen genießen und Schwierigkeiten als Weg zum inneren Frieden akzeptieren. Auch wenn dieses Gebet aus dem christlichen Kontext stammte, stimmte es in seiner Essenz mit der buddhistischen Lehre überein. Gelassenheit, Mut und Weisheit – wahrscheinlich waren das Qualitäten, die zu jeder Weisheitslehre gehörten, ganz egal, aus welcher Tradition sie stammte.

Meine Großmutter, eine gläubige Katholikin, kam mir da in den Sinn. Sie hatte während des Kriegs und danach alle drei Qualitäten verkörpert und sich ihren Humor und ihre Lebensfreude bewahrt. Obwohl sie ihren Mann und einen Sohn verloren hatte, kümmerte sie sich um die Kinder ihrer krebskranken Schwester und war schließlich auch für meine Eltern und uns Kinder so etwas wie der Fels in der Brandung gewesen.

»Ach, Oma«, sagte ich in Gedanken zu ihr. »Was würdest du mir jetzt wohl raten? Es wäre so schön, dich zu besuchen und bei einem Gläschen Eierlikör zu besprechen, was ich jetzt tun soll.« Und dann hörte ich sie antworten: »Es ist doch gar nicht so kompliziert, mein Mädchen. Hör einfach auf die Stimme deines Herzens. Dann weißt du, was zu tun ist.« Nein, es war natürlich nicht meine Oma, die zu mir gesprochen hatte. Doch wenn ich mit ihr hätte reden können, hätte sie wahrscheinlich etwas Ähnliches gesagt. Bei diesen Gedanken breitete sich ein Lächeln auf meinem Gesicht aus. Was war ich nur für ein Glückspilz, diese Großmutter gehabt zu haben!

≈

Das Ritual der Teatime mit dem achtsamen Sprechen und Zuhören hatte ich mittlerweile sehr zu schätzen gelernt. Als ich mich mit meiner Teetasse in der Hand einem Grüppchen näherte, sah ich jedoch plötzlich Nancy und war kurz davor, umzudrehen. Das musste ja nun wirklich nicht sein – oder vielleicht doch? Ich beschloss, meinem Fluchtimpuls nicht nachzugeben, sondern zuzuhören, was sie zu sagen hatte.

»Vor drei Monaten ist meine kleine Tochter gestorben. Sie war vier Jahre alt, als Leukämie bei ihr diagnostiziert wurde, und sechs, als sie starb. Seitdem habe ich oft das Gefühl, wie ein Zombie herumzulaufen – als ob ein Teil von mir mit ihr gestorben wäre. Ich spüre mich dann nicht mehr und kann mir nicht vorstellen, wie ich weiterleben soll. Die Meditation hilft mir wenigstens kurzfristig, im gegenwärtigen Moment anzukommen und einfach nur meinen Atem zu beobachten oder beim Gehen meine Schritte mit ihm zu koordinieren.

Ich versuche zu akzeptieren, was geschehen ist, und Vergänglichkeit als einen Teil des Lebens anzunehmen, wie es der Buddha sagt. Dennoch bin ich oft so unendlich traurig und auch wütend darüber, dass es ausgerechnet dieses unschuldige kleine Mädchen treffen musste – ausgerechnet meine kleine Prinzessin. Zu Hause habe ich nach ihrem Tod angefangen zu essen, wann immer diese innere Leere in mir auftauchte, und habe innerhalb von drei Monaten fast fünfzehn Kilo zugenommen. Mein Mann verachtet mich für diese Schwäche. Er joggt seither wie ein Irrer, wann immer er Zeit dafür findet, und wir sind uns völlig fremd geworden.

Eine Freundin riet mir, in dieses Meditationszentrum zu gehen, um wieder zu mir zu finden. Seit ich hier bin, stelle ich mir nachts, wenn ich nicht schlafen kann, immer wieder vor, wie ich in die Küche schleichen und die Speisekammer plündern könnte. Ich tue es nicht, aber es macht mich schier wahnsinnig, meiner Trauer und meiner Wut nicht mehr auf diese Weise ausweichen zu können.«

Nachdem Nancy all das erzählt hatte, liefen ihr die Tränen über die Wangen, aber nicht nur ihr. Was sie mit uns anderen geteilt hatte, berührte uns alle tief, und ich sah keine einzige Person in unserer Runde, deren Augen nicht feucht geworden waren. Ich schämte mich für die Vorurteile, die ich Nancy gegenüber gehegt hatte, und bewunderte sie für ihre Ehrlichkeit und Offenheit. Und wieder einmal erkannte ich, wie weise die Regeln des achtsamen Sprechens und Zuhörens waren. Alles, was wir im normalen Leben gesagt hätten, um Nancy zu trösten, wäre nicht wirklich hilfreich gewesen. Ihr aber einfach nur zuzuhören, ohne zu beschwichtigen oder mit Worten trösten zu wollen, war ein viel größeres Geschenk.

≈

Vor der Abendmeditation hatte ich noch einmal die Möglichkeit, mit Devasana zu sprechen. Ich erzählte ihr von meinem Ärger über alles und jeden und wie zunächst der freche Affe und später Nancys Geschichte meine innere Haltung verändert hatten.

Die Nonne schloss die Augen, dachte einen Moment nach und sagte dann: »Was du gerade erlebst, ist sehr wichtig. Wir alle sind immer wieder verblendet und bilden uns Dinge ein, die mit der Wirklichkeit sehr wenig zu tun haben. Ich verstehe sehr gut, dass du dich schämst für deinen Ärger und insbesondere deine Aversion gegen Nancy. Doch halte nicht an diesem Gefühl der Scham fest. Vergib dir, und lerne daraus. Milarepa, einer der bekanntesten tibetischen Yogis aus dem 11. Jahrhundert, soll einmal gesagt haben:

›Wenn man alles, was einem begegnet, als Möglichkeit zu innerem Wachstum ansieht, gewinnt man an Stärke.‹

Das ist nicht immer angenehm. Genau genommen lernen wir Menschen meist mehr aus schwierigen Situationen als aus dem, was uns mühelos gelingt. Wenn du aber so an das Leben herangehst, hast du täglich unzählig viele Möglichkeiten, deinen Vorurteilen und blinden Flecken auf die Schliche zu kommen und dich weiterzuentwickeln.

In dem Moment, in dem du jemanden, der sich in einer Schlange vordrängelt, als Lehrmeister für Geduld siehst, kannst du deinen Ärger loslassen. Wenn du beobachtest, wie einer sich beim Essen mehr nimmt als angemessen, kannst du deine eigene Gier erkennen und ihr ein Schnippchen schlagen, indem du Mitgefühl mit dem Menschen entwickelst, der seiner Gier ausgeliefert zu sein scheint.

Mitgefühl mit Nancy zu empfinden, kann dir deutlich machen, mit welcher Härte du ihr zuvor begegnet bist – und zwar vermutlich nicht nur ihr, sondern ebenso vielen anderen und wahrscheinlich auch dir selbst.«

Das stimmte. Ich hatte mich bisher nie als hartherzig empfunden und konnte empathisch auf Menschen zugehen – allerdings nur dann, wenn ich fand, dass deren Handlungen auch für mich nachvollziehbar waren.

»Wenn ich aber der Meinung bin, dass eine Person mir oder jemand anderem unrecht getan hat, wie kann ich dann Mitgefühl mit ihr empfinden?«, fragte ich. »Warum sollte ich Mitgefühl haben mit einem Menschen, der anderen Leid zugefügt hat – zumindest solange er sein Unrecht nicht eingesehen und sich dafür entschuldigt hat?«

Wieder schloss Devasana die Augen und erzählte mir dann eine Geschichte:

> »In einem thailändischen Kloster lebte ein berühmter Abt, der einmal im Jahr ein Retreat abhielt, an dem viele Mönche aus anderen Klöstern teilnahmen. Auch Mönche, die dem buddhistischen Weg schon lange folgten, ließen sich diese Wochen nicht entgehen, weil sie von dem alten Abt immer noch etwas lernen konnten. In diesem Jahr allerdings wurde die

Ruhe empfindlich gestört durch einen Mönch, der mehrmals beim Stehlen erwischt worden war. Jedes Mal gingen einige Mönche zum Abt und forderten ihn auf, den diebischen Mönch davonzujagen. Der Abt jedoch ignorierte ihre Forderung und schwieg zu den Vorfällen, bis ein großer Teil der Mönche ihm schriftlich zukommen ließ, sie würden das Retreat verlassen, wenn der Dieb weiterhin bleiben dürfe. Daraufhin rief der Abt alle Mönche zusammen und sprach: ›Ihr Mönche, die ihr mir dieses Schreiben geschickt habt, seid charakterlich gereift, wisst zu unterscheiden zwischen Recht und Unrecht und handelt danach. Ich habe euch gerne um mich, doch ihr könnt auch an einen anderen Ort gehen, um zu meditieren. Der arme Kerl jedoch, der mehrfach beim Stehlen erwischt worden ist, weiß offensichtlich nicht, was Recht und Unrecht ist. Wer wird ihm dabei helfen, das zu lernen, wenn ich ihn davonjage? Und deshalb werde ich ihn hierbehalten, auch wenn ihr anderen das Kloster dann verlassen wollt.‹ Da strömten Tränen über das Gesicht des Diebes. Das Verlangen zu stehlen war ihm angesichts der Milde und Weisheit des Abtes vergangen. Beeindruckt von der mitfühlenden Entscheidung des Abtes, blieben auch die anderen Mönche.«

Devasana blickte eine Weile in die Runde und schwieg, bevor sie erklärte: »Was ich mit dieser Geschichte erzählen möchte, ist nicht, dass jeder, der Unrecht getan hat, dies auch so schnell begreifen und sich ändern wird«, erklärte die Nonne. »Entscheidend ist vielmehr, dass wir im Buddhismus davon ausgehen, dass jeder Mensch grundlegend gut ist. Unrechtes Verhalten geschieht aus dem heraus, was der Buddha die drei Geistesgifte genannt hat: Unwissenheit, Gier und Hass. Wenn ein Mensch darin gefangen ist, läuft er sozusagen blind durch die Welt und tut Dinge, die anderen, aber auch ihm selbst schaden. Wird dieser Mensch nur verurteilt, verfestigen sich die Geistesgifte eher in ihm. Wir betrachten ihn als schlechten Menschen, behandeln ihn auch so, und er wird sich nicht verändern. Wenn wir hingegen das Gute in ihm ansprechen und er sich darin gesehen fühlt, besteht eine viel größere Chance, dass er sich auch dahin entwickelt.«

»Verstehe«, erwiderte ich, »aber das ist ganz schön viel verlangt …«

Devasana sagte lachend: »Absolut, und deshalb solltest du auch nur versuchen, mit kleinen Schritten in diese Richtung zu gehen. Niemand erwartet von dir, dass du schon übermorgen zur Erleuchtung gelangst. Morgen werde ich eine Metta-Meditation anleiten. Dabei fängst du mit dem Mitgefühl dir selbst gegenüber an und dehnst es langsam aus. Beides gehört untrennbar zusammen, aber das ist kein Wettbewerb, bei dem es darum geht, wer am schnellsten ist.«

Ich fühlte mich mal wieder ein bisschen ertappt, grinste und verabschiedete mich dankend.

ÖFFNE DEIN HERZ FÜR DICH UND ANDERE

Es war schon erstaunlich, aber nachdem ich gestern erfahren hatte, in was für einer schwierigen Lebenssituation sich Nancy befand, störte mich ihr Schnarchen beim Einschlafen und in der Nacht überhaupt nicht mehr. Nicht dass es leiser gewesen wäre oder dass sie weniger geschnieft hätte. Auch ihr Deo hatte sie nicht gewechselt. Aber meine Aversion gegen sie und damit auch mein Widerstand gegen all das, was ich von ihr mitbekam, hatte sich aufgelöst durch das Mitgefühl, das ich für sie empfand. Ein bisschen schämte ich mich immer noch für die negativen Gefühle, die ich in den Tagen davor gehabt hatte. Aber ich versuchte, dem Rat der Nonne zu folgen, auch diese Scham- und Schuldgefühle mir selbst gegenüber loszulassen und nicht nur Frieden mit Nancy, sondern auch mit mir selbst zu finden.

Als der morgendliche Gong erklang, war ich schon eine ganze Weile wach und hatte den Naturgeräuschen gelauscht. Unsere einfachen Unterkünfte waren kein bisschen schallgedämmt, sodass ich mir fast vorkam wie in einem Zelt im Dschungel. Am Anfang hatte mich das gestört, und ich hatte mich darüber geärgert, keine Ohrstöpsel mitgebracht zu haben. Mittlerweile genoss ich das Gefühl, so verbunden zu sein mit der Natur. Faszinierend eigentlich, wie sehr und wie schnell sich die Wahrnehmung der Umwelt verändern kann, wenn wir eine andere innere Haltung dazu entwickeln. Ich nahm mir fest vor, das auch in meinem Alltag zu Hause zu erproben.

Wie angekündigt leitete die Nonne heute eine besondere Meditationsform an, die Metta-Meditation, was übersetzt so viel wie Meditation der liebenden Güte heißt. Für meine Begriffe klang das ein wenig sperrig und altbacken. Mit Herzmeditation, wie Devasana die Meditation auch nannte, konnte ich mehr anfangen. Mein Herz für mich und andere zu öffnen, Liebe und Mitgefühl für mich selbst und andere zu entwickeln, das war etwas, dem ich mich gerne widmen wollte.

»Die Metta-Meditation möchte ich euch allen ganz besonders ans Herz legen«, begann Devasana. »Es ist eine alte Meditationstechnik, bei der ihr lernt, euren Geist auf heilsame Gedanken auszurichten. Immer wenn ihr merkt, dass euer Geist sich in negativen Gedankenspiralen zu verheddern droht, könnt ihr dem mit Metta etwas Positives entgegensetzen. Dadurch bleibt schlicht und ergreifend weniger Raum für andere Gedanken, und – was noch viel wichtiger ist – ihr nährt die Samen des Guten und Heilsamen in euch.«

Das klang einleuchtend und kam mir sehr entgegen, denn mein Unruhegeist führte mich nur allzu oft in Gefilde, aus denen ich schwer wieder herausfand, weil es mir meist nur für kurze Zeit gelang, mich nicht mit ihnen zu identifizieren.

Zu Beginn der Meditation forderte Devasana uns auf, uns ein Wesen, egal, ob Mensch oder Tier, oder einen Lieblingsplatz in der Natur vorzustellen, bei dem uns sprichwörtlich das Herz aufgeht. »Achte darauf, dass du nichts auswählst, das ambivalente Gefühle in dir auslöst. Du solltest dich ganz sicher und gut aufgehoben dabei fühlen. Nimm dieses Gefühl der Weichheit und Offenheit ganz in dich auf. Versuche, mit allen Sinnen zu spüren, wie es sich in deinem ganzen Körper anfühlt, wenn du dein Herz öffnest. Und dann merke dir dieses Gefühl. Speichere es sozusagen in dir ab, sodass du es immer wieder abrufen kannst, wenn du es brauchst. Dich sicher, geborgen und angenommen zu fühlen, ist die Basis dafür, wie du in der Welt unterwegs bist, wie du anderen Menschen und anderen Geschöpfen begegnen kannst.«

Sofort fiel mir meine Großmutter wieder ein, mit der ich schon am Tag zuvor sozusagen Kontakt aufgenommen hatte. Bei ihr hatte ich mich immer ganz sicher und geborgen gefühlt. Auch wenn sie vor allem während meiner Pubertät gewiss nicht immer meiner Meinung gewesen war, ließ sie mich trotzdem immer spüren, dass sie mich annahm und lieb hatte, und zwar genau so, wie ich gerade war.

»Bei der Metta-Meditation«, fuhr die Nonne fort, »sprichst du innerlich Sätze aus, die Ausdruck deiner guten Absicht sind. Es mag sein, dass du am Anfang wenig spürst, aber mit der Zeit werden die Samen, die du damit säst, aufgehen. Damit das geschieht, brauchst du allerdings ein wenig Geduld und Vertrauen in deine Fähigkeit, einen Raum zu schaffen, in dem Glück, Freude, Geborgenheit, Gesundheit und Frieden möglich sind. Von allein passiert das nicht, sondern nur durch regelmäßiges Üben.«

Puh, das sind aber große Worte, dachte ich spontan, aber ich hatte ja gerade selbst gespürt, dass es mir möglich war, ein Gefühl des Geliebtwerdens und Angenommenseins zu kreieren, indem ich mir die Situation mit meiner Großmutter vorgestellt hatte.

»Erinnert euch an das bekannte Buddha-Zitat: ›Wir sind, was wir denken. Alles, was wir sind, entsteht durch unsere Gedanken. Mit unseren Gedanken erschaffen wir die Welt‹«, fuhr Devasana fort. »Deshalb ist es auch so wichtig, dass wir unsere Gedanken immer wieder in eine Richtung lenken, die für uns selbst und unsere Umgebung heilsam und förderlich ist.

Vier Wünsche werden bei der Metta-Meditation mehrfach wiederholt. Sie lauten folgendermaßen:

Möge ich glücklich sein.
Möge ich mich sicher und geborgen fühlen.
Möge ich gesund sein.
Möge ich unbeschwert und frei von Sorgen leben.

Erinnere dich an das Gefühl der Herzöffnung von vorhin, und dann sprich diese vier Sätze. Solltest du nach

einer Weile merken, dass du die Formulierung ein bisschen verändern möchtest, damit es für dich besser passt, dann fühle dich frei, das zu tun. Ändere sie aber nicht ständig, sondern bleibe dann bei dem, was für dich stimmig ist.«

Nie hätte ich geglaubt, dass das Aussprechen dieser Sätze eine solche Wirkung auf mich haben könnte. Mir selbst von Herzen etwas Gutes zu wünschen, ohne irgendwelche Bedingungen daran zu knüpfen, das war etwas völlig Ungewohntes. Es fühlte sich an wie eine bedingungslose Liebeserklärung, die ich mir selbst machte, und es berührte mich zutiefst.

War das möglich? Durfte ich glücklich sein, ohne irgendwelche Leistungen zu erbringen? Konnte ich mich geborgen und sicher fühlen, ohne den Preis der Anpassung zu bezahlen? Und dann auch noch unbeschwert leben? War das die Freiheit, von der Buddha spricht?

Nach einer Weile sagte die Nonne, dass wir die guten Wünsche nun einem anderen Menschen schicken sollten, einem guten Freund oder einer guten Freundin. »Richte die guten Wünsche jetzt an eine Person, die du liebst oder sehr gerne hast. Schenke ihr dein ganzes Wohlwollen ohne Einschränkungen.«

Auch das war eine sehr wohltuende Erfahrung für mich. Ich wählte Stefan, dem ich so dankbar war, dass er mich hatte ziehen lassen, ohne mir irgendwelche Steine in den Weg zu legen. Und das, obwohl er selbst andere Bedürfnisse hatte und lieber etwas mit mir zusammen unternommen hätte.

Auf die Wünsche für eine geliebte Person folgten Wünsche für eine neutrale Person und schließlich für eine Person, mit der wir Schwierigkeiten haben.

»Wähle aber nicht gleich die allerschwierigste Person aus. Für den Anfang reicht es völlig, die Wünsche an jemanden zu richten, der dich in letzter Zeit vielleicht etwas genervt hat. Jetzt gleich jemanden zu nehmen, mit dem du einen tief sitzenden Konflikt hast, würde dich überfordern und wäre deshalb kontraproduktiv.«

Über diese Einschränkung war ich heilfroh, doch leicht fiel es mir trotzdem nicht. Ich wechselte zwischen verschiedenen Menschen hin und her, die mir einfielen, aber immer dann, wenn ich deren Verhalten nicht verstehen und damit auch nicht irgendwie entschuldigen konnte, baute sich bei mir ein innerer Widerstand auf. Warum zum Teufel sollte ich jemandem, der sich mehr oder weniger mies verhalten hatte, gute Wünsche schicken? Meinem früheren Arbeitgeber zum Beispiel oder einer meiner Lehrerinnen, die mich schikaniert und bloßgestellt hatte. Die hatten das doch gar nicht verdient. Die Sache mit dem grundsätzlich guten Kern in jedem Menschen, von dem die Nonne gestern gesprochen hatte, hörte sich zwar gut an, aber stimmte das denn wirklich?

Die Meditation endete damit, dass wir die guten Wünsche und unser ganzes Wohlwollen auf alle Lebewesen ausweiten sollten. Und komischerweise gelang mir das dann wieder besser – vermutlich einfach deshalb, weil das so abstrakt war, dass ich kein Problem damit hatte. Aber wie auch immer, das Gefühl der Verbundenheit, das die Metta-Meditation in mir ausgelöst hatte, gefiel mir sehr und trug mich noch eine ganze Weile.

≈

Gleich nach dem Mittagessen wurde dieses Gefühl von Harmonie und innerem Frieden jedoch empfindlich gestört. Ich hatte am Vormittag ganz vergessen, mich irgendwo auf der Liste für Arbeitsmeditation einzutragen. Nur zu gerne hätte ich wieder gefegt, aber nach dem Mittagessen war nur noch das Putzen von Wasch- und

Toilettenräumen übrig – nicht gerade mein Favorit. Es kostete mich einiges an Überwindung, ausgerechnet diesen Job zu übernehmen, aber ich hatte keine Wahl. Ich ließ mir also Eimer, Putzlappen und Putzmittel geben und machte mich lustlos, aber pflichtbewusst an die Arbeit.

»Selbst schuld, wenn du dich nicht rechtzeitig einträgst«, beschimpfte ich mich selbst, als ich auf Knien den Fußboden schrubbte, arrangierte mich aber einigermaßen mit meiner Tätigkeit, bis eine junge Frau mit ihren vom roten Lehmboden schmutzigen Flip-Flops über meinen frisch gewienerten Fußboden lief.

»Take care!«, wollte ich schon schreien, als mir einfiel, dass ich ja nicht sprechen durfte. Mit Händen und Füßen versuchte ich, ihr trotzdem zu signalisieren, dass sie gerade das Ergebnis meiner mühevollen Arbeit zunichtemachte. Doch sie zuckte nur mit den Achseln, zeigte auf ihr Schild »I am in silence« und verschwand wieder.

Ich war empört. Mit Achtsamkeit hatte das ja wohl nichts zu tun, einfach über den frisch geputzten Boden zu laufen! Ich war so wütend, dass ich das restliche Putzwasser mit einem großen Schwung in eine der Duschen hineinschüttete, wodurch meine Hosen nicht nur nass, sondern auch schmutzig wurden. Am liebsten hätte ich alles hingeschmissen und sofort mit der Arbeit aufgehört, aber das verbot mir mein preußisches Pflichtgefühl.

Ich nahm mir den Boden also missmutig noch einmal vor, wischte die Kloschüsseln blitzblank und lieferte meine Putzutensilien mit einer Mischung aus Wut und Hochmut wieder ab. Von der Weichheit und Offenheit, die die Herzmeditation in mir hinterlassen hatte, war nichts mehr zu spüren. Ich haderte damit, von dieser unachtsamen Person aus meinem inneren Frieden herausgerissen worden zu sein. Was hatte sie in diesem Zentrum verloren? Als der Gong erklang, um uns zur Meditation zu rufen, war ich voller Wut!

≈

Natürlich musste es so kommen, dass diese Frau, die so achtlos über meinen frisch geputzten Boden gegangen war, in der Meditationshalle ausgerechnet gegenüber von mir saß. Ich atmete tief ein und aus, versuchte, mich zu zentrieren und zu entspannen. Mit meiner äußeren Haltung war ich zufrieden. Jahrelange Yogapraxis hatte mein Becken und meine Beine beweglich gemacht. Der Lotussitz gelang mir ohne Probleme – allerdings, und das machte sich nach kurzer Zeit schon wieder bemerkbar, konnte ich ihn etwa fünf Minuten halten, vielleicht sogar zehn, aber dann schlief mit Sicherheit der unten liegende Fuß ein, und die Kniegelenke begannen sich zu melden.

Ich kämpfte noch eine Weile, um schließlich missmutig zu einem einfachen Schneidersitz überzugehen.

Als ich kurz mit den Augen blinzelte, sah ich, wie aufrecht und offenbar entspannt das Objekt meines Ärgers mir gegenübersaß. Mein Herz klopfte, mein ganzer Körper spannte sich an. Gleichzeitig spürte ich aber, wie unangemessen und übertrieben meine Reaktion war. Ich hatte den Boden noch einmal wischen müssen, aber war das wirklich so schlimm gewesen?

»Ja, das war eine Achtlosigkeit und Respektlosigkeit dir gegenüber, und du bist völlig im Recht, wenn du dich darüber aufregst«, sagte eine Stimme in mir trotzig. Doch eine andere erwiderte: »Du weißt doch gar nicht, womit sie gerade innerlich beschäftigt war. Und außerdem: Ist es dir wirklich so wichtig, recht zu haben, oder willst du lieber glücklich sein?«

Diesen Satz hatte ich vor einiger Zeit in einem Seminar über gewaltfreie Kommunikation aufgeschnappt. Auch wenn ich mit der unachtsamen jungen Frau nicht gesprochen hatte, erschien er mir trotzdem zutreffend. Ob und wie sehr und vor allem auch wie lange ich mich über sie aufregte und sie in Gedanken zu meiner Gegnerin machte, war allein meine Entscheidung. Sie war gewiss nicht mit der Absicht, mich zu ärgern, über den frisch gewischten Boden gegangen. Es war ihr einfach nicht aufgefallen. Und selbst wenn sie es absichtlich gemacht hätte: Warum konnte ich nicht einfach sagen: »Schwamm drüber, halb so schlimm!«?

Während ich diesen Gedanken nachhing, meldeten sich meine Beine und mein Rücken. Eine Weile lang biss ich die Zähne zusammen, richtete meine Wirbelsäule auf und versuchte, meine Schmerzen zu ignorieren. Es wäre doch gelacht, wenn ich es nicht schaffen sollte, eine Stunde lang ruhig zu sitzen. Bei allen anderen schien es doch auch zu funktionieren.

Als ich die Augen öffnete, bemerkte ich, dass einige meiner Mitmeditierenden ihre Position mittlerweile etwas verändert hatten oder vielleicht auch schon von Anfang an anders gesessen hatten, als ich mir das abverlangte. Manche saßen auf kleinen Bänkchen, andere auf mehreren Kissen, und wieder andere hatten sich zusätzliche Kissen unter ihre Knie gelegt, um sie zu unterstützen.

Fast hätte ich angefangen zu lachen – nicht über die anderen, sondern über mich. Es war aber kein abwertendes, sondern ein mildes, wohlwollendes Lachen. Ich schmunzelte über meine gestrenge innere Kritikerin, der ich nie gut genug sein konnte, die aber auch anderen gegenüber unerbittlich war wie im Falle der jungen Frau mit den schmutzigen Flip-Flops.

Vorsichtig, damit ich die anderen nicht störte, platzierte ich meine Beine etwas anders, sodass sie nicht mehr schmerzten. Und dann praktizierte ich noch ein paar Minuten Metta-Meditation und versöhnte mich mit mir selbst und der jungen Frau, bis der erlösende Gong ertönte.

War das jetzt eine gute Meditation gewesen? Wahrscheinlich nicht, aber es war mir in diesem Moment tatsächlich egal. Zu meditieren lernt man schließlich nicht in ein paar Tagen. Ich erlaubte mir, mich trotzdem gut zu fühlen und das Mantra-Singen, das auf die Meditation folgte, einfach zu genießen.

≈

Am Ende ihres Vortrages nach dem Mantra-Singen erzählte die Nonne noch eine Geschichte. »Ich weiß, dass es den meisten von euch schwerfällt, Mitgefühl mit jemandem zu entwickeln, der eurer Meinung nach etwas Schlechtes oder Böses getan hat. Geschweige denn, dass ihr einem solchen Menschen die Metta-Wünsche schicken wollt. Vielleicht hilft euch die folgende Geschichte, eine andere Perspektive einzunehmen.

> Als der Buddha mit seinen Schülern unter einem Baum saß und mit ihnen zusammen meditierte, kam eines Tages ein Mann vorbei: Er kam näher und spuckte den Buddha an, ohne etwas dazu zu sagen. Der Buddha wischte sich die Spucke vom Gesicht, sah den Mann an und fragte: ›Und was noch?‹ Der Mann schaute den Buddha verwirrt an. So etwas hatte er noch nie erlebt.
>
> Buddhas Lieblingsschüler Ananda sagte empört: ›Das geht aber wirklich zu weit. Der Mann muss bestraft werden. Er hat dich übelst beleidigt.‹
>
> Darauf antwortete der Buddha: ›Ananda, du be-

leidigst mich, nicht dieser Mann. Er ist neu in der Gegend, und vielleicht hat ihm einer erzählt, ich sei ein Atheist, abgefallen vom rechten Glauben, ein gefährlicher Revolutionär oder was auch immer. Er kennt mich nicht, er hat nur eine Vorstellung von mir, hat sich eine Meinung gebildet, und die hat er angespuckt. Wie könnte mich das beleidigen?‹«

Ich musste lachen und fühlte mich ein bisschen ertappt – hatte ich mich doch in Bezug auf die junge Frau mit den schmutzigen Flip-Flops ähnlich verhalten wie Ananda und mich persönlich beleidigt gefühlt, und das, obwohl sie vermutlich nur unachtsam gewesen war und mir sicher nichts Böses wollte. Aber nun gut, die Erleuchtung war zumindest derzeit auch nicht mein Ziel. Im Moment reichte es mir völlig, mich von meinem Ärger befreit zu haben und glücklich den Sternenhimmel betrachten zu können. Vielleicht war ja dies heute meine beste Meditation: in Frieden mit mir selbst und meiner Umgebung die Sterne zu betrachten und nichts zu denken.

LASS LOS, UND SCHAFFE RAUM FÜR NEUES

Obwohl ich in den letzten Tagen wirklich vieles über mich gelernt und auch immer häufiger Momente stillen Glücks und inneren Friedens erlebt hatte, war ich mal wieder unzufrieden mit mir. Genau genommen befand sich mein Selbstbewusstsein an einem Tiefpunkt. Meinen Gefühlen nähergekommen zu sein, konnte ich nicht als Wert an sich empfinden. Oft war ich den Tränen nah, oder sie liefen mir einfach über die Wangen, ohne dass ich das verhindern konnte. War das Trauer oder eher Rührung? Zunehmend wohl eher Letzteres. Wenn es mir nicht gelang, im gegenwärtigen Moment präsent zu sein, sondern meine Gedanken in die Vergangenheit abschweiften oder sich eine mögliche Zukunft ausmalen wollten, wurde ich regelrecht überschwemmt von den verschiedensten Gefühlen. Was sollte daran gut sein? Hin- und hergerissen zwischen Selbstmitleid und Selbstvorwürfen, fand ich keinen Ansatzpunkt für irgendeine Art von Vision oder auch nur vage Zukunftsplanung. Ich hatte versagt und so vieles versäumt in meinem Leben, und ich versagte auch jetzt. So viel schien mir klar. Und daran konnten auch die wunderschönsten Sonnenuntergänge oder der leckerste Frühstücksbrei nichts ändern.

≈

So begann denn auch mein viertes Gespräch mit der Nonne mit einem Klagelied.

»Jetzt bin ich schon über eine Woche hier und keinen Schritt weitergekommen in Bezug auf die Frage, was ich mit meinem Leben machen will, wenn ich wieder zu Hause bin. Und das Schlimmste ist: Ich habe keine Ahnung, wie ich mich dieser Frage beziehungsweise einer Antwort annähern könnte: Allein das Ankommen im gegenwärtigen Moment kann es doch nicht gewesen sein. Ich versuche, offen und neugierig zu sein, weniger zu bewerten, mitfühlender mit mir selbst und anderen umzugehen, aber all das hilft mir offensichtlich kein bisschen weiter«, sagte ich in einem leicht trotzigen Tonfall.

Devasana sah mich belustigt an und erwiderte: »Aha, da spricht die Stimme der Ungeduld, orchestriert von dem Verlangen danach, die Dinge zu kontrollieren, und der Angst davor, dein Leben könnte aus dem Ruder laufen, du könntest gar die Kontrolle verlieren.«

Sie machte eine längere Pause, bevor sie fortfuhr: »Denk nicht, ich würde mich über dich lustig machen, liebe Lisa. Ich verstehe dich sehr wohl, doch ich habe das Gefühl, dein Geist ist noch viel zu voll mit Vorstellungen, wie du selbst und das Leben, das du führst, zu sein haben. Kennst du die Geschichte von der jungen Frau, die zweimal von einem Meister abgewiesen wurde, bevor er sie als Schülerin annahm?«

»Ich glaube nicht«, antwortete ich unsicher.

»Die Geschichte geht so:

Eine junge Frau hatte schon jahrelang die Schriften eines bekannten Zen-Meisters studiert und nach seinen Anleitungen Meditation praktiziert. Dennoch fühlte sie sich weit entfernt von tiefer Einsicht oder gar der Erleuchtung. Also beschloss sie, den Meister selbst aufzusuchen, und nahm den langen, beschwerlichen Weg zu dem abgelegenen kleinen Kloster, in dem er lebte, in Kauf.

Der Meister saß auf einem Baumstumpf und trank Tee, als sie bei ihm ankam. Freudig begrüßte ihn die junge Frau und erzählte ihm ausführlich, was sie schon alles gelesen hatte und zu wissen glaubte – in der Hoffnung, ihn so für sich einzunehmen und als Schülerin angenommen zu werden. Der Meister jedoch blieb ruhig sitzen, lächelte freundlich und sagte schließlich: ›Komm in einem Monat wieder.‹

Etwas enttäuscht, aber dennoch froh, von dem Meister nicht einfach abgewiesen worden zu sein, versuchte sie, zusammen mit ihren Freunden herauszufinden, woran es wohl gelegen haben könnte, dass er sie nicht angenommen hatte.

Als sie sich einen Monat später erneut auf den Weg zu ihm machte, saß der Meister wieder auf seinem Platz und trank Tee. Dieses Mal legte sie ihm ausführlich dar, welche Erklärungen ihre Freunde und sie selbst dafür gefunden zu haben glaubten, dass er sie beim letzten Mal wieder weggeschickt hatte. Der Meister hörte geduldig zu, trank seinen Tee und sagte abermals: ›Komm in einem Monat wieder.‹

Dieses Mal war die junge Frau wirklich enttäuscht, doch sie hatte einen starken Willen und ließ sich nicht entmutigen. Nach einem Monat kehrte sie also wieder zurück zu ihrem Meister und traf ihn wie bei den beiden letzten Malen beim Teetrinken an. Dieses Mal jedoch sagte sie nichts, sondern setzte sich nur schweigend auf ein Kissen ihm gegenüber und sah ihn lächelnd an.

Auch der Meister sprach nicht, doch nach einer Weile erhob er sich, ging in seine Hütte und kam mit einer zweiten Tasse zurück. Er schenkte Tee ein und reichte ihn ihr mit den Worten: ›Dieses Mal kannst du bleiben, denn nun kann ich dich lehren. Bei den letzten Malen warst du wie ein volles Gefäß, in das ich nichts füllen konnte.‹«

Die Nonne sah mich fragend an, und ich nickte. »Ich glaube, ich verstehe, was du meinst. Beim Meditieren oder beim achtsamen Essen gelingt es mir zwar, zunehmend weniger abzudriften in meine altbekannten Gedankenmuster. Doch sobald ich auch nur daran denke, was ich nach dem Retreat mit meinem Leben anfangen könnte, fühle ich mich wie gefangen in Vorstellungen, Ansprüchen und Erwartungen, die mich blockieren und mir die Luft nehmen.«

»Vielleicht«, sagte Devasana, »probierst du erst mal herauszufinden, was du loslassen könntest. Geh deine Frage von der anderen Seite an: Versuche nicht, möglichst tolle Pläne zu schmieden, sondern frage dich, wovon du dich befreien möchtest. Das ist ebenso wichtig und schafft vermutlich erst den Raum, den du brauchst, um etwas Neues in dein Leben einladen zu können.«

Das klang einleuchtend, aber auch ziemlich beängstigend für eine Person wie mich, die sich so schwer damit tut, Kontrolle abzugeben und die Dinge nicht im Griff zu haben. Entsprechend verängstigt und skeptisch war wohl auch mein Gesichtsausdruck, denn Devasana sagte:

»Das ist nicht einfach für dich, ich weiß. Was du zum Loslassen brauchst, ist Mut, aber den hast du. Was du nähren und stärken solltest, ist Vertrauen: Vertrauen in dich, in das Leben und vielleicht auch in etwas, das größer ist als du selbst, etwas, das dich trägt. Loslassen ist etwas, das wir nicht machen können. Wie das Wort schon sagt, geht es darum, etwas zu lassen, doch darin erschöpft es sich nicht. Denn Loslassen bedeutet auch, bereit zu sein, etwas zu empfangen, von dem wir noch nicht wissen, was es sein wird.«

Woher wusste sie, dass es mit meinem Vertrauen nicht weit her war? Manchmal war es mir schon fast unheimlich, was Devasana alles über mich zu wissen oder zumindest zu ahnen schien.

»Ja, das stimmt wohl, aber wie mache ich das: mein Vertrauen stärken?«, fragte ich.

»Da gibt es sehr viele Möglichkeiten«, erwiderte sie. »Es kann zum Beispiel hilfreich sein, dir verschiedenste Situationen aus deinem Leben zu vergegenwärtigen, in denen sich entgegen deiner Befürchtungen aus schwierigen Situationen etwas Positives entwickelt hat. Ich bin sicher, dass du auf viele Erfahrungen dieser Art zurückblicken kannst. Was ich dir aber besonders ans Herz legen möchte, ist noch etwas anderes: Mangelndes Vertrauen hat ganz wesentlich damit zu tun, dass wir uns isoliert und getrennt vom Rest der Welt fühlen und sozusagen als Einzelkämpfer durch unser Leben gehen. Das kostet nicht nur sehr viel Kraft, es ist auch eine falsche Sicht auf die Dinge, denn in Wahrheit sind wir verbunden und haben nur oft die Fähigkeit verloren, das wahrzunehmen.«

»Ja, das Gefühl, dass das Leben anstrengend ist, kenne ich sehr gut«, stimmte ich der Nonne zu. »Hier spüre ich insbesondere beim Mantra-Singen meine Verbundenheit mit allem anderen – nicht nur mit den Menschen, sondern auch mit der gesamten Umgebung, den Tieren, Pflanzen, ja sogar mit der Luft und dem Himmel über uns.«

Ich bekam feuchte Augen, als ich das aussprach, weil es mich so tief berührte, tiefer, als ich bisher gedacht hatte. Es war keine ganz neue Erfahrung. Ich hatte das früher schon erlebt in Momenten besonderer Nähe mit einem Partner und vor allem in Verbindung mit der Natur, etwa beim Bergwandern oder auch am Meer. Hier war es unspektakulärer und mehr mit innerer Ruhe und Stille verbunden als mit Euphorie.

»Das ist doch ein schöner Ansatz«, sagte Devasana. »Verfolge ihn weiter, nähre dieses Gefühl der Verbundenheit in dir womit auch immer. Du wirst merken, dass dir dann auch das Loslassen leichter fällt. Denn wenn du dich verbunden fühlst, musst du nicht mehr kämpfen um dein einzigartiges kleines Ich und deine Vorstellungen davon, wer du sein solltest.«

Ich registrierte, wie das kleine Ich in mir kurzfristig protestierte. Ihm seine Wichtigkeit abzuerkennen, fiel mir nicht ganz so leicht, auch wenn ich ahnte, dass es letztlich eine Erleichterung für mich bedeuten würde. Deshalb war ich sehr froh, dass Devasana mir noch einen weiteren Vorschlag machte, der mir das Loslassen leichter machen könnte.

»Gestern habe ich bei der Anleitung der Metta-Meditation auch davon gesprochen, wie hilfreich es sein kann, heilsame Gedanken zu kultivieren, so wie man Pflanzen in seinem Garten oder im Balkonkasten pflegt. Eine besonders wichtige Pflanze auf dem Weg zu einem glücklichen Leben ist die Dankbarkeit. Wenn du die Samen der Dankbarkeit säst und das Pflänzchen regelmäßig gießt, damit es wachsen kann, wirst du mit viel Freude und Glück belohnt.

Die meisten Menschen denken, dass sie dankbar sein sollten für ihr Glück. Das ist nicht falsch, aber umgekehrt herum funktioniert es viel besser, weil wir es dann selbst in der Hand haben. Schau dich in deinem Leben um, wofür du dankbar sein könntest und welche Geschenke du bisher vielleicht einfach als selbstverständlich und nicht der Rede wert betrachtet hast. Dann folgt das Glück auf die Dankbarkeit, das heißt, du bist glücklich, weil du dankbar bist.

Wenn du Tagebuch schreibst, notiere jeden Abend mindestens fünf Dinge, für die du heute dankbar bist. Und am allerwichtigsten: Hör auf, die Geschenke, die das Leben dir macht, als selbstverständlich zu betrachten, und öffne deine Wahrnehmung für die vielen schönen, einzigartigen Momente jeden Tages.«

Da hatte sie allerdings mal wieder recht, die weise Nonne. Viel zu oft hatte auch ich in der Vergangenheit mein Augenmerk mehr auf das gelegt, was vermeintlich oder wirklich fehlt, anstatt den positiven Aspekten mehr Beachtung zu schenken.

≈

Nach diesem Gespräch saß ich eine ganze Weile still im Garten, bevor ich mein Tagebuch holte, um mir ein paar Notizen zu machen. Was waren das denn für Selbstbilder, die ich mehr oder weniger unbewusst mit mir herumschleppte? Und was hielt mich davon ab, sie loszulassen?

Ich war das Mädchen aus der Provinz, das in die Großstadt gegangen war, um eine andere zu werden, um Bildern von intellektuellen, selbstbewussten Frauen zu entsprechen, die mir imponiert hatten. Doch ich hatte nie so ganz daran geglaubt, das wirklich erreichen zu können. Deshalb lebte ich immer in der Angst, dass meine Täuschungsmanöver auffliegen könnten.

Da war sie also wieder, die Sache mit dem Versteckspiel, die daher rührte, dass ich das Gefühl hatte, nicht gut genug und deshalb nicht liebenswert zu sein. Die kalte, hartherzige Stimme meiner inneren Kritikerin sprach: »Wenn du dich nicht anstrengst, etwas anderes, etwas Besseres darzustellen, als du in Wirklichkeit bist, werden sich alle von dir abwenden. Deine Unsicherheiten, deine Ängste und geheimen Wünsche nach Sicherheit und Geborgenheit darf keiner sehen. Vergiss das nie!«

Doch in diesem Moment passierte etwas Ungewöhnliches. Es war, als ob die Metta-Wünsche von meiner Großmutter ausgesprochen würden. »Mögest du glücklich sein. Mögest du dich sicher und geborgen fühlen. Mögest du gesund sein. Mögest du unbeschwert und frei von Sorgen leben«, hörte ich sie sagen und ergänzen: »Du bist ein wunderbares Mädchen, meine liebe Lisa, und ich liebe dich genau so, wie du bist.« Als ob das nicht schon gereicht hätte, meldete sich noch eine Kinderstimme zu Wort, die mich daran erinnerte, dass ich mir meine Welt so gestalten solle, wie sie mir gefällt. Jetzt musste ich lauthals loslachen. Pippi Langstrumpf war fraglos die Heldin meiner Kindheit gewesen. Die

Bücher kannte ich fast auswendig, und nachdem ich den ersten Film gesehen hatte, versuchte ich, genauso zu lachen wie die Pippi-Darstellerin.

Okay, das hatte jetzt nichts mit Buddhismus und achtsamer Wahrnehmung des gegenwärtigen Moments zu tun, aber meiner inneren Kritikerin schien es die Sprache verschlagen zu haben. Und dann dachte ich mir, dass meine Großmutter und Pippi im Team mich wunderbar dabei unterstützen könnten, meinen neuen Weg zu finden.

Wahrscheinlich würde es mich verletzlicher machen, wenn ich meine Vorstellungen davon, wie ich zu sein hätte, loslassen würde. Das war mir bewusst. Aber ich spürte in diesem Moment auch mit allen Fasern meines Seins, dass es eine Leichtigkeit und Unbeschwertheit in mein Leben bringen könnte, wie ich sie nie gekannt hatte.

≈

An diesem Tag schwänzte ich zum ersten und einzigen Mal die Arbeitsmeditation. Ich hatte gesehen, dass die Liste bereits voll war, und betrachtete das als Zeichen. Außerhalb des Zentrums gab es einen Weg, der noch etwas höher hinaufführte auf den Berg, und ich wollte einfach mal einen Blick auf die andere Seite werfen. Das entsprach zwar nicht den Regeln, die besagten, dass wir das Gelände des Meditationszentrums nicht verlassen sollten, doch das war mir in dem Moment egal. Ich hatte ja nicht vor, ins Dorf zu gehen und munter mit anderen Menschen zu plaudern.

Es kam dann allerdings doch ein bisschen anders, denn als ich die Anhöhe erreicht hatte, traf ich auf einen kleinen Jungen. Wie die meisten Kinder in Sri Lanka fragte er zuerst nach Stiften oder Bonbons. Als er jedoch begriffen hatte, dass bei mir nichts zu holen war, wollte er mir unbedingt etwas zeigen. »Come, come«, wiederholte er immer wieder, griff nach meiner Hand und brachte mich zu einer kleinen Holzhütte. Er öffnete den Verschlag, und herausgetapst kamen fünf Welpen, gefolgt von ihrer Mutter.

Ich ging in die Knie, um die Kleinen zu streicheln, die furchtlos auf mich zukamen. Auch die Hundemutter protestierte in keiner Weise, als ich den zutraulichsten Welpen auf den Arm nahm. Der kleine Junge schien mir mit Gesten sagen zu wollen, dass ich den Hund haben könne, was natürlich völlig unmöglich war. Dennoch rührte es mich an, mit welch arglosem Vertrauen der Junge und die Hundefamilie mir begegneten.

Eine ganze Weile blieb ich bei ihnen sitzen und ließ mich von den Welpen mit ihren kleinen Schnäuzchen anstupsen und ablecken, was ich normalerweise nicht sonderlich mag. Hier jedoch passte es einfach zu dieser besonderen, vertraulichen Situation. Ich genoss den körperlichen Kontakt, den ich in den letzten Tagen vermisst hatte, und merkte, wie stolz es den kleinen Jungen machte, mir diese Freude bereitet zu haben. Wie einfach es doch sein kann, einander glücklich zu machen!

Mit einer Blüte vor dem Herzen verabschiedete ich mich dankend von der kleinen Gesellschaft und verbrachte noch eine halbe Stunde allein an einem Platz, von dem aus ich in Richtung Osten in das Bergland hineinschauen konnte. Ich liebte die Weite dieser Landschaft, die auch mein Herz und meinen Geist weit werden ließ. Begeistert entdeckte ich eine zarte Mondsichel am Himmel. Was für ein Geschenk!

Vielleicht waren meine Ängste vor der ungewissen Zukunft ja völlig unbegründet, und ich musste mich nur öffnen für das, was die Welt an Geschenken bereithält, wenn man sie nur beachtet.

≈

Pünktlich zur Teatime war ich wieder zurück im Zentrum und versuchte, meine Gedanken, die mir noch ziemlich wild durch den Kopf gingen, in Worte zu fassen. Ich hatte eine kleine Gruppe von Frauen im Blick, mit der ich sie gerne teilen wollte.

»Heute Vormittag war ich noch sehr unzufrieden, weil ich noch immer nicht weiß, was ich mit meinem Leben machen möchte, wenn ich wieder nach Hause zurückkehre. Devasana hat mir dann klargemacht, dass ich zuerst meine alten Vorstellungen von einem glücklichen Leben und davon, wie ich selbst zu sein habe, loslassen muss. Sie meinte, dass nichts Neues entstehen kann, solange ich das nicht getan habe.

Ich habe keine Ahnung, was passieren wird, und allein der Gedanke daran macht mir schon Angst«, sagte ich. »Aber ich glaube, ich habe gar keine Wahl, weil ich den ersten Schritt bereits gegangen bin, als ich hierhergefahren bin. Vor einer Woche dachte ich noch, dass ich mit tollen neuen Plänen zurückkehren würde, mit denen ich meinen Partner und meine Freundinnen beeindrucken könnte. Jetzt weiß ich, dass es eher kleine Schritte sein werden und dass es nicht die eine große Antwort gibt, die all meine Probleme löst.«

HAB KEINE ANGST, UND LASS DIR ZEIT

Die Morgenmeditation und die Yogastunde waren wie im Flug vergangen und hatten mir gutgetan. Als ich zufrieden mit mir und der Welt im Garten meinen Frühstücksbrei genoss und den Sonnenaufgang betrachtete, wurde mir schlagartig bewusst, dass sich meine Zeit im Zentrum dem Ende zuneigte. Ich hätte zwar auch noch länger bleiben können, doch zehn Tage waren der Zeitraum, der für ein Einsteiger-Retreat veranschlagt wurde. Und heute war der neunte Tag. Morgen würde ich also abreisen.

Mir kam die Zeit, die ich hier verbracht hatte, sowohl kurz als auch lang vor. Kurz, weil die meisten Tage wirklich verflogen waren. Lang, weil so viel passiert war in diesen wenigen Tagen. Das lange Sitzen bei der Meditation fiel mir mittlerweile etwas leichter, was nicht hieß, dass mir nicht immer mal wieder die Füße einschliefen oder die Knie und der Rücken schmerzten. Vor allem hatte ich gelernt, anders damit umzugehen. Ich verfiel nicht mehr gleich in Panik oder verurteilte mich, wenn ich nicht so funktionierte, wie meine gestrenge innere Kritikerin und Perfektionistin sich das vorgestellt hatte.

Das galt für meinen Geist ebenso wie für den Körper. Natürlich schweifte mein hyperaktiver Geist immer noch oft ab, und ich hatte Mühe, ihn zur Beobachtung des Atems zurückzuholen. Es würde sicher noch viel mehr Zeit in Anspruch nehmen, ihn besser zu zähmen und das Kopfkino wirklich zu kontrollieren. Aber ich war schon ganz zufrieden damit, immer häufiger beobachten zu können, was sich in mir abspielte, und etwas mehr Distanz dazu einnehmen zu können. Es war, wie es war – nicht optimal, nicht perfekt, aber ich konnte es so lassen. Für mich ein riesiger Schritt!

Nach meinem gestrigen Gespräch mit Devasana hatte ich das Gefühl, dass es vor allem zwei große Themen waren, denen ich mich auch nach dem Retreat widmen wollte: das Loslassen und die Dankbarkeit. Ohne es genau begründen zu können, glaubte ich, dass mir Dankbarkeit und die daraus erwachsende Freude den Prozess des Loslassens erleichtern würde. Denn letztlich, davon war ich überzeugt, hatte das Festhalten- und Kontrollieren-Wollen immer etwas mit Angst und einem tiefen Gefühl des Mangels zu tun. Dieser Mangel war kein äußerer, sondern ein innerer, nämlich der Glaubenssatz, nicht gut genug und nicht liebenswert zu sein. Wenn aber Dankbarkeit einem Gefühl der Fülle entsprang, konnte sie als ideales Gegenmittel fungieren.

Na ja, vielleicht war das zu einfach und allemal zu abstrakt gedacht. Als ich versuchte, meine Gedanken in meinem Tagebuch zu notieren, fühlte sich das zwar irgendwie richtig, aber auch ein bisschen verquast an. Was bedeutete das denn konkret für meinen Alltag nach dem Retreat? Und was hatte mich bisher daran gehindert, diesen Weg zu gehen?

Wie war das mit dem Thema Dankbarkeit? Warum war es bisher zu kurz gekommen in meinem Leben? Ein Aspekt, so viel glaubte ich zu wissen, bestand darin, dass ich mich oft so sehr angestrengt hatte, um zu genügen. Wenn die Ergebnisse meiner Anstrengungen sich dann sehen lassen konnten, verbuchte ich das auf meinem eigenen Konto und sah keinen Anlass dafür, dankbar zu sein. Dass allerdings allein schon meine relativ stabile Gesundheit, mein gut funktionierender Verstand und meine Möglichkeiten, verschiedene Ausbildungen und Studien zu absolvieren, Grund genug gewesen wären, auch dafür dankbar zu sein, war mir völlig entgangen. Ganz abgesehen davon, dass ich, ehrlich gesagt, auch immer wieder das Glück gehabt hatte, auf mir wohlgesinnte Menschen zu treffen.

Vor lauter Perfektionismus, mit dem ich mir selbst den Alltag erschwert hatte, waren mir außerdem viele schöne Momente gar nicht weiter aufgefallen. Viel zu vieles hatte ich für selbstverständlich genommen, wobei ich da natürlich bei Weitem nicht die Einzige war. In meinem Freundeskreis wurde die eigene Leistung viel mehr gefeiert, als dass wir uns bewusst gemacht hätten, welche Geschenke wir vom Leben einfach so bekommen – wir Wohlstandskinder, die wir allein schon qua Geburt in einem wohlhabenden, demokratischen Land privilegiert waren, auch wenn es da manches zu kritisieren gab.

Vielleicht war es ja aber auch gerade der Überfluss, in dem wir lebten, der es uns manchmal schwer machte, die einfachen Dinge wertzuschätzen. Noch nie hatte ich Mahlzeiten so dankbar entgegengenommen und genossen wie hier im Zentrum – und das, obwohl sie jeder Raffinesse entbehrten.

Und dann war da ja auch noch die Natur – eine schier unerschöpfliche Quelle der Dankbarkeit. Sicher, das Zentrum lag an einem besonders schönen, ruhigen Platz. In meinem Stadtalltag würde ich eine solche Kombination aus Ruhe und Weite nicht finden – von der üppigen Pflanzenwelt und der vielfältigen Tierwelt ganz zu schweigen. Aber auch in der Stadt gab es ruhige Kraftorte und in der näheren Umgebung eine Natur mit ihrer ganz eigenen Schönheit. Und manchmal genügten ja vielleicht auch schon die Pflänzchen auf dem Balkon, um einen aufleben zu lassen. Ich nahm mir fest vor, regelmäßig solche Orte aufzusuchen. Da gab es zum Beispiel diesen hübschen kleinen Park ganz in der Nähe meiner Wohnung. Der Teich, in dem sich die Sonne am späten Nachmittag so schön spiegelte, würde sich doch wunderbar für eine Meditation eignen.

Hier im Zentrum verspürte ich auch oft Dankbarkeit für die Kraft, die von der Gemeinschaft der Menschen ausging. Und zu Hause wusste ich Stefan an meiner Seite und einige wirklich gute Freundinnen, die mich auch unterstützen würden, wenn ich es brauchte. Dafür war ich von ganzem Herzen dankbar.

Allerdings, und damit wäre ich beim Thema Loslassen angelangt, gehörten zu meinem Bekanntenkreis auch Menschen, von denen ich mich nach diesem Retreat noch mehr distanzieren würde als zuvor. Diese Einladungen, bei denen es darum ging, sich möglichst toll zu präsentieren, über die neueste Mode zu sprechen oder die Urlaubsziele, die gerade en vogue waren, oder mit besonders begabten Kindern zu prahlen, hatten mich immer sowohl angestrengt als auch angeödet. Solche Treffen würde ich mir in Zukunft sparen und freundlich absagen. Da hatte ich wirklich Besseres zu tun. Aber was eigentlich genau? Das wusste ich nach wie vor nicht.

Je länger ich über das Loslassen nachdachte, desto mulmiger wurde mir. Denn wenn ich ehrlich war, musste ich mir eingestehen, dass es keineswegs hauptsächlich darum ging, in Zukunft bestimmte Menschen zu meiden. Viel entscheidender war doch, dass ich selbst meine Masken ablegte und mich von meinem Versteckspiel verabschiedete. Dass ich mich traute, mich so zu zeigen, wie ich war – und dass ich selbst zu mir stand, mich selbst wertschätzte mit all meinen größeren und kleineren Macken. Und dass ich nichts Besonderes leisten musste, um liebenswert zu sein. – »Du bist vollkommen, aber da gibt es noch einiges zu verbessern«, wie Devasana einen ihrer Lehrer zitiert hatte.

Das war der Knackpunkt, aber da saß mir auch die Angst im Nacken, wenn ich mir vorzustellen versuchte, wie das sein würde. Ich kam mir vor wie in einem Boot, das auf Stromschnellen zusaust. Noch hätte ich vielleicht herausspringen und an das bekannte Ufer schwimmen können. Tat ich das nicht, musste ich die Stromschnellen irgendwie bewältigen …

≈

Ich beschloss, vor der nächsten Meditationsrunde am Bibliotheksgebäude vorbeizuspazieren und zu schauen, ob mir das Buddha-Zitat des heutigen Tages weiterhelfen konnte. Und was stand da?

»Das ganze Geheimnis der Existenz ist, keine Angst zu haben.«

Na super, dachte ich mir. Das passt ja hervorragend. Aber wie soll das gehen? Einfach damit aufhören, Angst zu haben? Ich war heilfroh, dass jetzt der Gong ertönte und mich aus meinem Gedankenkarussell befreite. Was für ein Geschenk, eine Stunde lang weder etwas tun noch irgendeinen schlauen Gedanken produzieren zu müssen! Ich grinste in mich hinein und dachte belustigt: »Also, das mit der Dankbarkeit habe ich doch schon voll drauf.« Und tatsächlich saß ich eine Stunde lang still und hatte das Gefühl, alles sei okay, alles sei gut so, wie es gerade ist. Nennen die Buddhisten einen solchen Zustand Gelassenheit oder Glückseligkeit? Keine Ahnung, es fühlte sich auf jeden Fall großartig an.

Zum letzten Mal und mit einer gewissen Wehmut fegte ich nach dem Mittagessen die Blätter und Zweige von den Wegen im Garten. Schade eigentlich, dass ich zu Hause keinen Weg hatte, den ich fegen konnte. Aber vielleicht konnte ich ja meine Hausarbeit auch auf eine ähnlich meditative Art verrichten. Früher hatte ich immer über eine Freundin von mir gelacht, die darauf schwor, ihre Wohnung zu putzen, wenn sie durcheinander oder in einem Gedankenkarussell gefangen war, doch jetzt glaubte ich zu verstehen, wie sie das gemeint hatte. Ich nahm mir jedenfalls vor, es zumindest auszuprobieren, denn nicht nur beim Fegen, sondern auch beim Helfen in der Küche des Zentrums hatte ich festgestellt, dass solche einfachen Tätigkeiten meinen aufgewühlten Geist hervorragend beruhigen konnten.

Als ich nach dem Fegen zum Gespräch mit Devasana ging, war von der Panik, die ich am Vormittag verspürt hatte, nicht mehr viel übrig. Dennoch wusste ich natürlich, dass meine Ängste nicht auf und davon waren, und wollte deshalb auch mit ihr darüber sprechen.

Die Nonne begrüßte mich freundlich und zugewandt wie immer und fragte: »Wie geht es dir heute, da dein Retreat fast beendet ist? Du wirkst ganz anders als bei unserem ersten Gespräch.«

»Ich fühle mich auch anders«, antwortete ich, »viel klarer und auch viel näher an meinen Gefühlen. Allerdings habe ich auch ganz schön viel Angst vor dem, was mich im normalen Alltag erwartet.«

»Angst wovor?«, fragte Devasana. »Was könnte denn schlimmstenfalls passieren?«

»Hm, das weiß ich eigentlich gar nicht genau. Wahrscheinlich, dass ich nicht akzeptiert werde, wenn ich mein altes Versteckspiel aufgebe. Und dass ich selbst noch nicht so genau einschätzen kann, wer ich sein werde ohne meine Masken.«

»Wäre es denn so schlimm, wenn manche Menschen nichts mehr von dir hielten?«, fragte Devasana.

»Na ja, bei Menschen, die mir nichts bedeuten, wäre es mir ziemlich egal, aber bei denen, die mir wichtig sind, natürlich nicht«, antwortete ich.

»Ich würde dir gerne mal wieder eine kleine Geschichte erzählen, die dieses Thema wunderbar illustriert. Möchtest du sie hören?«

Ich nickte. Natürlich wollte ich das, denn Devasanas Geschichten hatten bisher meist einen Aha-Effekt bei mir ausgelöst.

»In einem kleinen arabischen Ort lebte ein Sufi-Meister, den viele Menschen um Rat fragten, wenn sie nicht mehr weiterwussten. Eines Tages suchte ihn ein junger Mann auf, der darüber klagte, dass sein Arbeitgeber ihn nie lobte, sondern – egal, wie sehr er sich auch bemühte – ihm stets zu verstehen gab, dass er ihn für einen Versager hielt. ›Was kann ich bloß tun, verehrter Meister, damit er meinen Wert erkennt?‹

Da antwortete der Meister, er wolle ihm gerne weiterhelfen, wenn er ihm davor einen kleinen Gefallen tun könne. ›Nimm diesen Edelstein, und gehe damit zum Markt. Begib dich zuerst zum Obsthändler, danach gehe zum Fleischer und zum Fischhändler und frage die drei Händler, was sie dir für den Stein geben würden.‹ Der junge Mann empfand diesen Auftrag zwar als etwas seltsam, wollte dem Meister aber gerne diesen Gefallen tun, denn er war ein lieber Kerl, der es allen recht machen wollte.

Der Obsthändler betrachtete den Stein misstrauisch und meinte, er könne ihm höchstens 10 Dinar dafür geben. Der Metzger bot sogar nur 7 Dinar, der Fischhändler immerhin 14 Dinar. Mit diesen Auskünften kam der junge Mann zurück zum Meister, der sich bedankte, ihn lächelnd ansah und sagte: ›Und jetzt gehe bitte noch zum Edelsteinhändler, und frage ihn, wie viel er für diesen Stein bezahlen würde.‹

Der Edelsteinhändler betrachtete den Stein ganz genau, hielt ihn gegen das Licht und polierte ihn mit einem feinen Tuch. ›Mindestens 150 Dinar ist dieser seltene Stein wert‹, sagte er anerkennend.

Mit dieser Information ging der junge Mann zum Meister zurück, der ihn bat, sich zu setzen, und sprach: ›Junger Mann, genau so wie mit diesem Stein ist es auch mit dir und mit allen Menschen. Nicht jeder erkennt deinen Wert. Dein jetziger Arbeitgeber ist nicht in der Lage, deinen Wert und deine Fähigkeiten zu erkennen. Suche dir einen anderen, der es kann. Und sei dir gewiss, du wirst ihn finden, wenn du ihn suchst.‹

Es allen recht machen zu wollen, von allen anerkannt oder gar geliebt werden zu wollen, ist ein Konzept, das nicht aufgehen kann. Das heißt nicht, dass du den Menschen, die dich nicht mögen, feindselig begegnen müsstest. Damit würdest du nur dir selbst schaden. Mache aber deinen Wert nicht von ihnen abhängig. Wenn du ihnen, aus welchen Gründen auch immer, nicht aus dem Weg gehen kannst, übe dich in Geduld, Gelassenheit und Mitgefühl. Versuche aber auch, dir das Leben nicht zu schwer zu machen und dich mehr mit Menschen zu umgeben, deren Werte ähnlich sind wie deine.«

Ich nickte und erwiderte: »Die Geschichte gefällt mir sehr gut, und ja, du hast sicher recht, dass ich nicht jedem gefallen muss. Das wollte ich eigentlich auch nie. Es ist nur so, dass ich das Gefühl habe, in dieser Umbruchsituation, in der ich mich befinde, wahrscheinlich auf einen Schlag mehr Freunde und Bekannte zu verlieren, als das in den letzten Jahren der Fall war.«

»Das mag sein, oder es ist sogar mit hoher Wahrscheinlichkeit so«, antwortete die Nonne. »Doch was zunächst nach einem Verlust aussieht, kann sich auch als Gewinn herausstellen. Es ist wie mit deinem Job. Du hast ihn ganz überraschend verloren mit einer Begründung, über die du dich natürlich ärgern kannst. Welche neuen Möglichkeiten sich aber daraus für dich ergeben, kannst du jetzt noch gar nicht ermessen. Ebenso ist es mit dem Verlust von bestimmten Freundes- oder Bekanntenkreisen. Es mag am Anfang ein bisschen wehtun, doch es schafft auch Platz für Neues.

Erinnerst du dich an die Geschichte, die ich dir beim letzten Mal erzählt habe? Von der jungen Frau, die von einem weisen Meister so lange weggeschickt wird, bis sie bereit ist für neue Erkenntnisse und Erfahrungen? Ich kann dir nur den Ratschlag geben, deine Situation als Wachstumschance zu nutzen, um dein Leben an den Stellen umzukrempeln, an denen es nicht oder zumindest nicht mehr stimmig ist.«

Ich atmete tief durch und merkte, wie gut sich das plötzlich anfühlte, was Devasana gerade gesagt hatte. Da war schon noch Angst, aber ich spürte auch eine Art von Energie, die mir in den letzten Jahren eher abhandengekommen war: Neugierde und Offenheit für etwas anderes, etwas Neues.

»Lass dir Zeit«, fuhr Devasana fort. »Wenn ich dich richtig verstanden habe, bist du nicht darauf angewiesen, möglichst schnell wieder zu arbeiten, um Geld zu verdienen. Probiere Dinge aus, die du schon immer mal kennenlernen wolltest, und habe vor allem keine Angst davor, zu scheitern oder dich mit irgendetwas lächerlich zu machen.

Wir haben bisher wenig über dein Alter gesprochen. Ich erinnere mich nur, wie du am Anfang bedauert hast, manches versäumt zu haben, was du gerne gemacht hättest. Vielleicht gibt es da ja auch noch etwas zu betrauern und loszulassen. Du kannst dein jetziges Alter aber auch als Privileg betrachten. Es entspricht meiner eigenen Erfahrung, und ich erlebe es auch hier im Zentrum bei den Retreat-Teilnehmern: Entweder werden die Menschen mit zunehmendem Alter enger und intoleranter, was aber auf diejenigen, die den Weg hierher finden, äußerst selten zutrifft, oder sie werden freier und unabhängiger von äußeren Umständen und den Meinungen anderer Leute. Und das ist doch großartig, oder?«

»Ja, das stimmt wohl. Und ich kann dir gar nicht genug dafür danken, dass du das jetzt noch angesprochen hast. Ich weiß nicht, wie ich es ausdrücken soll, aber manchmal ist es mir geradezu unheimlich, wie gut du mich kennst, wie viel du über mich weißt, obwohl wir uns doch nur ein paarmal gesehen haben.«

Da lachte Devasana übers ganze Gesicht. »Weißt du, wir Menschen sind schon seltsame Wesen: Jeder von uns denkt, er sei etwas ganz Besonderes und ganz anders als die anderen. Jeder ist einzigartig, das stimmt wohl. Aber gleichzeitig sind wir uns doch in ganz vielen Verhaltensweisen und was unsere Ängste und Wünsche betrifft, sehr ähnlich. Insbesondere ihr Menschen aus dem Westen macht es euch oft ungeheuer schwer, indem ihr so sehr auf eure Individualität pocht und meint, es käme darauf an, diese noch zu optimieren. Dabei geht es letztlich doch viel mehr darum, das uns Verbindende zu erkennen – das, was alle Menschen miteinander, aber auch mit allen anderen Wesen auf dieser Welt oder in diesem Universum verbindet.«

Ich fühlte mich durchschaut und angenommen von dieser Frau, die aus einer ganz anderen Welt stammte als ich und mir während des Retreats so nah gekommen war.

»Darf ich wieder hierherkommen, wenn mir danach ist?«, fragte ich sie.

»Du bist jederzeit willkommen«, antwortete Devasana, »aber jetzt versuche erst mal, da draußen in der normalen Welt deinen eigenen Weg zu finden. Folge einfach der Stimme deines Herzens. Ich bin überzeugt davon, dass du das kannst, und wünsche dir viel Freude dabei.«

Ich hatte Tränen in den Augen, als ich mich vor ihr verneigte, um mich zu verabschieden.

FOLGE DER STIMME DEINES HERZENS, UND GEHE DEINEN WEG

Es war eine eigenartige Stimmung, als die meisten Teilnehmer des Retreats nach dem Frühstück ihre Sachen zusammenpackten und sich auf den Weg machten. Das Zentrum hatte ein paar Sammeltaxis bestellt, die uns in die nächste größere Stadt brachten. Dann hieß es Abschied nehmen von Menschen, denen ich mich nah fühlte, obwohl wir so gut wie gar nicht miteinander gesprochen hatten, mal abgesehen von der Teatime. Von den meisten kannte ich noch nicht einmal die Namen. Von Nancy, mit der ich das Zimmer geteilt und die ich mittlerweile lieb gewonnen hatte, verabschiedete ich mich mit einer innigen Umarmung. Wir blickten uns lange an, bekamen beide Tränen in die Augen und wünschten uns alles erdenklich Gute. Und das war nicht nur so dahingesagt, sondern kam von uns beiden wirklich von Herzen.

Ich hatte gestern spontan beschlossen, erst mal an die Küste zu fahren und dort zu entscheiden, ob ich bald zurückfliegen oder noch länger reisen wollte. »Lass dir Zeit« – diese Worte der Nonne sagte ich mir vor wie ein Mantra, um meinen Unruhegeist zu bezähmen, wenn er mit dieser ungewohnten Langsamkeit und Ungewissheit nicht einverstanden war.

Etwas überfordert vom Lärm und der Hektik am Busbahnhof, schaute ich mich verzweifelt nach einem Bus um, der zur Südküste fahren würde. Ein paar Taxifahrer zerrten schon an meinem Rucksack herum und unterboten sich gegenseitig mit Niedrigpreisen für eine Fahrt mit dem Taxi, als ich plötzlich eine Frau erspähte, die ich aus dem Meditationszentrum kannte. Sie machte einen ähnlich orientierungslosen Eindruck wie ich, und als ich ihr zuwinkte, bahnte sie sich mit einem erleichterten Lächeln auf dem Gesicht einen Weg durch die Menge.

»Wo möchtest du hinfahren?«, fragte sie mich auf Englisch, was im Zentrum unsere Verständigungssprache gewesen war.

»So genau bin ich da gar nicht festgelegt, aber auf jeden Fall an die Südküste. In meinem Reiseführer habe ich gelesen, dass es dort weniger touristisch ist und man an den langen Stränden wunderbare Spaziergänge machen kann, ohne ständig von Händlern verfolgt zu werden«, antwortete ich. »Und du?«

»Hättest du etwas dagegen, wenn ich mich dir anschließen würde? Genau so einen Platz suche ich auch«, meinte sie. »Ich heiße übrigens Corinna und komme aus Deutschland.«

Lachend erwiderte ich: »Na, dann können wir ja deutsch sprechen. Mein Name ist Lisa. Und ich würde mich freuen, diese Tour gemeinsam mit dir zu machen. Wenn wir dort sind, können wir ja immer noch sehen, ob jede von uns doch lieber wieder ihrer eigenen Wege geht.«

Dieser Nachsatz war mir wichtig, denn was ich jetzt überhaupt nicht brauchte, war eine Situation, in der ich mit jemandem Entscheidungen diskutieren und Kompromisse schließen müsste. Das kam noch früh genug.

Also genehmigten wir uns den Luxus, zu zweit in ein Taxi zu steigen und uns damit die Fahrt in einem lauten, überfüllten Bus zu ersparen. Normalerweise liebte ich es, auf Reisen in öffentlichen Verkehrsmitteln unterwegs zu sein, um Kontakt zu den Einheimischen zu bekommen. Im Moment fühlte ich mich aber noch nicht bereit dafür, und Corinna offensichtlich auch nicht.

»Ich würde gerne noch eine Weile schweigen und die vorbeiziehende Landschaft während der Fahrt auf mich wirken lassen«, erklärte ich Corinna.

»Na klar, das passt bestens für mich«, erwiderte sie lächelnd. »Mir tut es auch gut, noch eine Zeit lang den Mund zu halten.«

Wie einfach Verständigung doch sein kann, dachte ich mir. Sie bezieht mein Schweigen nicht auf sich, und ich habe kein schlechtes Gewissen, weil ich sie womöglich verletzt haben könnte. Wenn es mir doch gelingen würde, auch in meinem Alltag so klar und offen mit Menschen zu kommunizieren!

Auf der Straße herrschte das reinste Chaos. Ununterbrochen wurde gehupt. Die Überholmanöver unseres Taxifahrers, der seine hervorragenden Leistungen als schneller Fahrer unter Beweis stellen wollte, erhöhten immer mal wieder meinen Puls. Aber ich war auch fasziniert von all den Obst- und Gemüseständen am Straßenrand, der bunten Kleidung der Frauen und dem Gleichmut, mit dem Menschen, aber auch allerlei Tiere sich trauten, die Straße zu überqueren. Ich war mir sicher, dass ich mich hätte führen lassen müssen wie eine alte Oma, aber auch, dass sich jemand gefunden hätte, um mir zu helfen.

Plötzlich war das Meer zu sehen – türkisblau schimmernde Wellen, gesäumt von einem hellen Sandstrand: der Indische Ozean! Ich konnte ihn nicht nur sehen, sondern auch riechen und trotz des Verkehrslärms sogar hören. In diesem Moment war ich mir sicher, die richtige Entscheidung getroffen zu haben, denn ich spürte, wie mein Atem sich für kurze Zeit den Bewegungen der Wellen anzugleichen schien. Das Meer hatte immer schon eine magische Wirkung auf mich ausgeübt. Es vitalisierte und beruhigte mich gleichermaßen. Ich stellte mir vor, wie ich am Meer entlanglaufen und mich in die Wellen hineinwerfen würde, aber auch, wie ich einfach am Strand sitzen und nichts weiter tun würde, als den Wellen zuzusehen.

Zunächst mussten wir aber ein paar Entscheidungen treffen. In welchem Ort wollte ich oder wollten wir gemeinsam bleiben? Nachdem wir unserem erstaunten Fahrer klargemacht hatten, dass wir so wenig touristische Infrastruktur wie möglich haben wollten, sagte er: »Ich kenne einen kleinen Ort, an dem es euch sicher gefallen wird. Mein Schwager Lakshan vermietet dort ein paar einfache Bungalows. Wollt ihr euch das anschauen?«

Der Schwager, na klar, da zeigte sich doch mal wieder die asiatische Geschäftstüchtigkeit. Doch was sprach dagegen, uns das kleine Resort anzusehen? Außerdem konnte man es ja auch positiv betrachten: Unser Fahrer war ein netter, freundlicher Mensch und unterstützte seine Familie. Warum denn nicht?! Wir stimmten also zu, und auch das ging ohne irgendwelche Diskussionen. Wir sahen uns einfach nur kurz an und nickten beide.

Schon auf den ersten Blick verliebte ich mich in die einfachen Holzbungalows und den wunderschön gestalteten und gepflegten Garten. Da war jemand am Werk, der Pflanzen liebte. Vielleicht konnte ich ihm ja sogar anbieten, die Wege zu fegen, schoss es mir durch den Kopf, bevor uns unser Fahrer seinem Schwager vorstellte, der uns freundlich winkend entgegenkam. Viele Gäste schien er nicht zu haben. Bevor er uns die Bungalows zeigen wollte, sollten wir unbedingt zuerst seinen leckeren Masala-Chai-Tee probieren, den er in dem kleinen Café servierte, das zum Resort gehörte. Als wir ihm erzählten, dass wir direkt aus einem Meditationszentrum kämen und uns die Stille deshalb sehr wichtig sei, sah er uns anerkennend an.

»Hier werdet ihr so viel Stille und Frieden finden, wie ihr wollt«, sagte er und stellte uns sogleich den einzigen anderen Gast vor, den er hatte. »Das ist mein guter

Freund Wolfgang aus Österreich. Er ist Rentner und kommt jedes Jahr im Winter für drei Monate hierher. Bei ihm könnt ihr euch für die Gartenanlage bedanken, denn er ist es, der sie angelegt hat und pflegt, wenn er hier ist.«

Wolfgang winkte bescheiden ab, erzählte dann aber, dass er eine kleine Firma für Gartengestaltung gehabt hatte, bevor er wegen seines Rheumas in Frührente gegangen sei.

»Die Wintermonate halte ich in Österreich einfach nicht mehr aus wegen meiner Schmerzen. Aus diesem Grund kam ich vor fünf Jahren zum ersten Mal hierher. Lakshan habe ich zufällig in einem Nachbardorf kennengelernt, weil er dort in einem Restaurant arbeitete. Wir kamen ins Gespräch, er erzählte mir von dem kleinen Resort, das er aufbauen wollte, und dann ergab sich das eine aus dem anderen. Er zeigte mir das Gelände, das er geerbt hatte, ich gab ihm Tipps, wie er den Garten gestalten könnte, und dann sah er mich an und fragte: ›Warum willst du das nicht machen? Du kannst das doch viel besser als ich.‹

Tja, und auf diese Weise fand ich eine zweite Heimat, in der ich meine Leidenschaft für das Gärtnern als Hobby betreiben kann, und eine zweite Familie, denn am Wochenende kommen Lakshans Frau und seine Kinder, die während der Woche in einem größeren Nachbarort wohnen, weil die Kinder dort zur Schule gehen.«

Corinna und ich sahen uns an, und wieder war sofort klar, dass wir den richtigen Ort für einen Aufenthalt am

Meer gefunden hatten. Jede von uns wählte sich einen Bungalow aus, denn auch wenn ich mit Nancy zuletzt ganz gut zurechtgekommen war, empfand ich es trotzdem nicht als übertriebenen Luxus, mir jetzt ein bisschen mehr Privatsphäre zu gönnen.

≈

In den nächsten Tagen machte ich viele lange Strandspaziergänge. Es war deutlich heißer hier als in den Bergen, aber es wehte immer eine leichte Brise vom Meer her. Außerdem konnte ich ja jederzeit ins Wasser springen und mich abkühlen. Ich liebte es, mich hinter der Dünung, wo das Meer spiegelglatt war, auf den Rücken zu legen und mich vom Salzwasser tragen zu lassen. In diesen Momenten blieb mein Geist ganz ruhig, und ich konnte es einfach nur genießen, mit dem Wasser verbunden zu sein, die Sonne auf meinem Körper zu spüren und absolut nichts zu tun, als mich dem Leben anzuvertrauen. Selbst meine innere Kritikerin schien daran nichts auszusetzen zu haben. Nur manchmal, wenn ich etwas pathetisch oder gar esoterisch klingende Worte wie »Vertrauen in das Leben« oder »Verbundenheit mit dem Universum« in mein Tagebuch schrieb, lästerte sie leise im Hintergrund über diesen Überschwang der Gefühle, ohne mich jedoch ernsthaft zu beeinträchtigen.

Mit Corinna verabredete ich mich täglich einmal zur gemeinsamen Meditation. Dabei blieb jede in ihrem eigenen Bungalow und nahm auf ihrem Bett oder auf einem Kissen am Boden ihre Meditationshaltung ein, und wir trafen uns danach auf eine Tasse Tee. Mit diesem Ritual knüpften wir an unsere Zeit im Meditationszentrum an, schufen jedoch auch etwas Neues, indem wir das gemeinsame Meditieren unabhängig machten von einem gemeinsamen Raum. Danach zusammen Tee zu trinken und sich zumindest eine Weile lang nach den Regeln des achtsamen Sprechens und Zuhörens auszutauschen, tat uns beiden sehr gut. Wir überlegten, ob wir das gemeinsame Meditieren auf diese Weise nicht auch nach unserer Rückkehr in Deutschland praktizieren könnten. In dem Fall dann in unterschiedlichen Städten und ohne anschließende Teatime. Doch vielleicht konnten wir uns ja auch per Videocall austauschen. Einig waren wir uns auf jeden Fall darin, dass wir uns gegenseitig unterstützen wollten, an dem dranzubleiben, was wir im Meditationszentrum erfahren hatten.

Ansonsten waren unsere Lebensrealitäten in Deutschland und unsere Charaktere aber zu unterschiedlich, als dass wir wirklich enge Freundinnen hätten werden können. Corinna war seit ein paar Monaten verwitwet, Mutter von drei Kindern und sogar schon zweifache Großmutter. Ich bewunderte ihre Energie und ihren Lebensmut, doch die Fragen, die uns umtrieben, waren sehr verschieden.

Mit Wolfgang hingegen entdeckte ich eine Art Seelenverwandtschaft. Nicht dass wir uns ineinander verliebt hätten, überhaupt nicht. Aber der Lebensweg, den er in den letzten Jahren eingeschlagen hatte, seine ganze Art, unterwegs zu sein, beeindruckten und inspirierten mich.

»Wird dir nicht langweilig, wenn du drei Monate am Stück hier bist?«, fragte ich ihn einmal.

»Langweilig?« Wolfgang lachte. »Nein, Langeweile hatte ich hier noch nie. Das kenne ich eher von meinem Leben in Österreich. Hier empfinde ich jeden Tag als ein Geschenk. Da sind der Indische Ozean, dieses wunderbare Meer, und der schier endlos lange Strand, an dem entlangzuwandern mich auch nach vier Jahren noch begeistert. Wenn du von hier aus mit einem Schiff in Richtung Süden fahren würdest, müsstest du mehr als zehntausend Kilometer Ozean überqueren, um die Antarktis zu erreichen. Der Indische und der Antarktische Ozean gehen ineinander über. Dazwischen gibt es kein Land, nur Meerwasser, das unzählige Lebewesen beherbergt: über zweitausend verschiedene Fischarten, Hunderte von Korallenarten, Schildkröten, Delfine, Wale, Tintenfische und Krebse, ganz zu schweigen von einer riesigen Anzahl von Pflanzen und Organismen, von denen wir noch gar keine Ahnung haben.«

»Wow, das klingt wirklich beeindruckend. Zu meiner Schande muss ich gestehen, dass ich das gar nicht wusste«, sagte ich.

Wolfgang winkte ab und meinte: »Ach, Biologie hat mich schon immer interessiert, und deshalb beschäftige ich mich damit. Aber letztlich sind diese Fakten gar nicht wichtig für das, was ich dir sagen möchte. Das Leben an dieser Küste hat in mir ein Gefühl der Demut wachsen lassen, das ich davor nicht kannte. Und Demut ist nichts, was dich klein werden lässt, wie ich früher dachte, sondern vielmehr etwas, das dich mit deiner Umgebung in Beziehung setzt und verbindet.

Als Landschaftsgärtner war ich eine ziemlich große Nummer – und fühlte mich auch so«, sagte er lachend. »Meine Krankheit hat mir den Boden unter den Füßen weggezogen. Nichts ging mehr, meine Identität war dahin, viele Freunde zogen sich zurück, weil sie damit nicht umgehen konnten. Auch meine Ehe hielt dieser Belastung nicht stand. Eine Zeit lang waren verschiedenste Arztpraxen mein zweites Zuhause, doch keine Therapie schlug richtig an. Im Sommer kam ich so halbwegs über die Runden, aber der Winter war die reine Katastrophe.«

»Meine Güte, das tut mir leid für dich«, sagte ich und war sichtlich betroffen.

»Braucht es nicht«, erwiderte Wolfgang grinsend. »Was sich aus dieser Not heraus entwickelt hat, ist das Beste, was mir passieren konnte. Als das nasskalte Wetter mich mal wieder schachmatt setzte, packte ich meinen alten Rucksack, der lange in meinem Keller gehangen hatte, buchte einen One-Way-Flug nach Indien, und damit begann mein neues Leben.«

»Du bist einfach so aufgebrochen, ohne Ziel?«

»Na ja, nicht ganz. Ich hatte die Adresse von einem Ashram, in dem ich eine Zeit verbringen und mich von einem ayurvedischen Arzt behandeln lassen wollte. Letzteres war auch ganz gut, aber ehrlich gesagt ging mir das Leben im Ashram ziemlich schnell auf den Geist. Diese Verehrung eines Gurus, das ist einfach nicht mein Ding. Jedenfalls zog ich dann weiter und landete irgendwann hier. Tja, und das war dann sozusagen Liebe auf den ersten Blick, als ich Lakshan traf.«

Wolfgang bemerkte meine leichte Irritation und sagte kichernd: »Nein, nicht, was du jetzt gerade denkst, obwohl ich Lakshan wirklich sehr gernhabe. Es war das Stück Land, das er mir zeigte, auf dem jetzt die Bungalows stehen. Ich wusste sofort, dass ich ihm gerne helfen und den Garten für ihn anlegen würde. Außer Kost und Logis habe ich nichts dafür bekommen, aber das war der schönste Job, den ich je angenommen habe. Lakshan hatte volles Vertrauen in mich, obwohl wir uns ja kaum kannten, und ich konnte ohne Termindruck genau so arbeiten, wie ich wollte und wie es meine Gesundheit zuließ. Und da es so gut funktioniert hat mit uns, komme ich seither jedes Jahr im Winter hierher.«

»Das hört sich wunderbar an. Ich gönne es dir natürlich von Herzen, aber ein Teil von mir ist fast ein bisschen neidisch, wenn du das so erzählst«, sagte ich. »Wenn ich doch auch so ein Herzensprojekt finden könnte! Ich weiß bisher nur, dass ich nicht noch einmal irgendwo angestellt sein möchte. Ob ich aber freiberuflich in meinem bisherigen Bereich weiterarbeiten oder lieber etwas ganz anderes machen möchte, ist mir noch nicht klar. Glücklicherweise muss ich wegen meiner Abfindung nicht mehr viel verdienen und habe deshalb einen ziemlich großen Spielraum.«

»Dann sei dankbar für diese Situation, und lass dir doch einfach Zeit«, erwiderte Wolfgang. Ich musste lachen, weil die Nonne mir dieses Mantra ja auch mitgegeben hatte. »Aus meiner eigenen Erfahrung kann ich sagen, dass Ungeduld dich am allerwenigsten weiterbringt. Sie macht dich nur unzufrieden, und außerdem übersiehst du die Möglichkeiten, die sozusagen am Wegesrand auf dich warten, während du nur nach vorn auf irgendein vermeintliches Ziel starrst.«

»Stimmt«, gab ich grinsend zu, »das ist aber nicht gerade meine Stärke – und mit Ungewissheit zu leben auch nicht.«

»Na, hör mal«, sagte Wolfgang belustigt, »soweit ich weiß, gehört das doch zu den Essentials, die der Buddha lehrte.«

Hätte jemand anders das zu mir gesagt, wäre ich wahrscheinlich sauer oder beleidigt gewesen, doch bei Wolfgang klang es nicht ironisch oder gar zynisch, sondern humorvoll und liebevoll. Ich knuffte ihn in die Seite und sagte: »Ganz schön frech, junger Mann! Aber du hast ja recht, und vielleicht ist es viel einfacher, als ich mir das einbilde, nur weil ich bisher im Wesentlichen ein klar strukturiertes, durchgeplantes Leben geführt habe.«

»Schau«, sagte Wolfgang plötzlich und deutete auf eine Muschel auf dem Sandboden. »Je nach Strömung gibt es hier sehr schöne Muscheln. Lass uns doch am Meer entlanggehen und Muscheln sammeln. Manchmal finde ich auch noch irgendwelche Überbleibsel von Schiffen, aus denen sich etwas für den Garten gestalten lässt. Ich erlaube mir, hier immer mal wieder zum Kind zu werden und einfach kreativ herumzuspielen.«

»Gerne, sehr gerne sogar«, erwiderte ich, und dann liefen wir mindestens zwei Stunden am Strand entlang, ohne viel zu sagen außer »Oh, schau mal, wie schön!«, und hatten hinterher eine ansehnliche Sammlung von Muscheln und verschiedenen Holzstücken beisammen. Das kleine Mädchen, aber auch die Designerin in mir jubilierten förmlich bei dieser Aktion, und ich fühlte mich plötzlich wie befreit von der Schwere meiner ach so elementaren Fragen.

≈

Ich hätte mir das vor dem Retreat nicht vorstellen können, aber bisher hatte ich mein Handy tatsächlich nicht gecheckt und mit niemandem Kontakt aufgenommen. Irgendwie hatte ich Bedenken, dass die »normale« Welt mich zu schnell wieder einholen und meine neu gewonnene kostbare Freiheit und Unbeschwertheit bedrohen könnte.

Mir war klar, dass Stefan auf ein Lebenszeichen von mir wartete, doch ich wollte mich erst bei ihm melden, wenn ich ein klares Gefühl für meine nächsten Schritte hatte. Nach einer Woche am Strand wusste ich es und schrieb ihm eine Mail. Ich wollte noch eine Weile durch Asien reisen, und ich hatte Lust, das mit Stefan zusammen zu tun, wenn er sich darauf einlassen konnte, sich einfach treiben zu lassen. Vielleicht drei Monate lang, vielleicht auch ein halbes Jahr lang, das wollte ich offenlassen.

Durch meine Gespräche mit Wolfgang, aber auch durch unsere gemeinsamen Sammel- und Kreativstunden hatte ich eine Ahnung davon, dass ich auf jeden Fall eine spielerische, kreative Komponente in mein Leben holen wollte. Vielleicht konnte ich ja ein paar gut bezahlte Design-Aufträge an Land ziehen und ansonsten etwas ganz Neues ausprobieren, vielleicht sogar mit Kindern. Auch das wollte ich im Moment noch offenlassen und stattdessen meine Augen, Ohren und mein Herz öffnen für das, was mir begegnete.

»Weißt du was?«, sagte ich zu Corinna, als wir uns voneinander verabschiedeten, weil es sie wieder nach Hause zu ihrer Familie zog. »Ich glaube, ich habe mich noch nie so frei gefühlt wie jetzt. All meine früheren Lebensentscheidungen waren auf die eine oder andere Weise davon geprägt, dass ich entweder anderen oder mir selbst etwas beweisen wollte. Ich wollte gefallen und hatte doch immer Angst davor, nicht zu genügen. Wahrscheinlich wird sich diese Stimme in mir immer mal wieder zu Wort melden, aber ich kann ihr jetzt etwas entgegensetzen. Und das fühlt sich so gut an. Ist es nicht verrückt, dass ich sechzig Jahre alt werden musste, um zu begreifen, dass ich auch okay bin, ohne etwas zu leisten?«